Ich war ein Pulli

AUS ALTEN PULLIS NEUES MACHEN

Titel der Originalausgabe:
Sweater Surgery:
how to make new things with old sweaters
© 2008 by Quarry Books,
a member of Quayside Publishing Group
100 Cummings Center Suite 406-L
Beverly, Massachusetts 01915-6101
Telephone: (978) 282-9590
Fax: (978) 283-2742
www.quarrybooks.com

Fotos: Lexi Boeger, mit Ausnahme von
Seite 134–139 und 143 mit freundlicher
Genehmigung von Armour Sans Anguish
Illustrationen: Judy Love
Vorlagen: Stefanie Girard

© der deutschen Ausgabe 2009 frechverlag
GmbH, 70499 Stuttgart
Übersetzung: Ute Hammond
Lektorat: 360⁰/Eva Hauck u. Claudia Huboi
Umschlaggestaltung: Petra Theilfarth

Auflage: 5. 4. 3. 2. 1.

Jahr: 2013 2012 2011 2010 2009

[Letzte Zahlen maßgebend]

ISBN 978-3-7724-6588-8
Best.-Nr. 6588
Printed in China

Stefanie Girard

Ich war ein Pulli

AUS ALTEN PULLIS NEUES MACHEN

Inhalt

Einleitung

Teil 1: Beginn der Arbeit

AUSEINANDERNEHMEN DES PULLOVERS

NÄHEN DES NEUEN DESIGNS

Teil 2: Die Modelle

Teil 3: Galerie 92

Teil 4: Schnittmuster 144

 Einleitung

Das Recyceln von Pullovern hat für mich zwei große Vorteile: Man erzielt schnelle Erfolge beim Nähen und es kommt meiner Liebe zu Gestricktem entgegen, mit seinen erstaunlichen Texturen, Mustern und Fasern. Oh, und lassen Sie uns nicht den Spaß am Shoppen vergessen! Die Schatzsuche in Secondhandläden nach Pullovern wird oft zur Erinnerungsreise und ist mit aufregenden Überraschungen verbunden.

Das Recyceln von Pullovern macht Sinn, denn es ist umweltfreundlich. Außerdem kann man Strickstoff nicht überall kaufen und die meisten von uns haben nicht immer die Zeit, sich etwas zu stricken. Ist es nicht großartig, etwas Lustiges oder Nützliches aus einem heißgeliebten Pullover herzustellen, der Ihnen selbst, einem engen Freund oder einem lieben Familienmitglied gehörte – besonders, wenn der Pulli leicht beschädigt oder verfleckt ist und nicht mehr getragen werden kann?!

Was kommt zuerst – die Idee für das Modell oder der Pullover? Beides! Sehr oft ist ein Pullover eine Quelle der Inspiration, wenn Sie realisieren, dass Sie etwas Besonderes daraus machen können. Möglicherweise finden Sie auch in einer Zeitschrift Inspirationen oder auf der Straße. Dann folgt die Jagd nach dem perfekten Pullover. Mit einem Stapel Pullover sowie einigen Nähkenntnissen, den

Tipps und Techniken aus diesem Buch können Sie einzigartige Kleidungsstücke und Accessoirs kreieren, die ganz allein Ihnen gehören.

Es ist ein bisschen ungewöhnlich bei Pullovern an Stoff zu denken. Pullover haben schon eine Form, Säume und Details. Sie können diese Elemente aber in Ihr Design mit einfügen, sie entfernen oder den Pullover als zweidimensionales Stück Stoff nutzen. Wie auch immer, gestrickte Pullover bieten unendlich viele Möglichkeiten.

Gestrickte Pullover lassen sich wie gewebte Stoffe vielfältig dehnen und drapieren. Verschiedene Pullover oder sogar verschiedene Teile des gleichen Pullovers können verschiedene Stärken und Texturen aufweisen. Diese unterschiedlichen Eigenheiten lassen sich verändern und beeinflussen.

Das Filzen ist eine Möglichkeit, das Strickstück aus Wolle oder anderen Tierhaaren zu festigen und zu verstärken. Das ist besonders vorteilhaft, wenn Sie ein Modell herstellen, das stabil sein soll, zum Beispiel eine Tasche oder ein Beutel. Stoffverstärker und Vliese werden genutzt, um das Dehnen von flexiblem Gestrick auf ein Minimum zu reduzieren oder ganz zu verhindern.

Manche Verstärkungen werden nur vorübergehend genutzt, damit das Strickstück während des Nähens stabil bleibt. Stoffverstärker und Vliese geben leichten Pullovern mehr Gewicht, wenn das Modell mehr Stabilität verlangt. Clevere Techniken und innovative Produkte erleichtern heute das Arbeiten mit „Pullover-Stoffen".

Wie sich die Pullover, Stoffe, Garne und Bordüren anfühlen, ist genauso wichtig wie ihr Aussehen. Ich bin ein Mensch, der Stoffe „streichelt". Ich muss alles anfassen! Es ist sehr aufregend, aus Pullovern mit Noppen und Zöpfen ein Modell zu schaffen. Die Farbe des Garns und die Machart des Pullovers, ob offen oder geschlossen, sind auch aufregende Designelemente. Zum Beispiel ein offener Spitzenpullover hat ein auffälliges Muster, wenn er mit einem Stoff in einer stark kontrastierenden Farbe unterlegt ist. Er wirkt sehr viel raffinierter wählt man einem Hintergrund in einer ähnlichen Farbe.

Pullover mit Intarsien und Jacquardmuster eignen sich wunderbar um Accessoires zu gestalten. Wenn Sie Pullover zum Verwandeln einkaufen, schauen Sie sich diese Elemente ganz genau an und behalten Sie sie im Gedächtnis, während Sie Ihr Modell planen. Eventuell sollten Sie einen weiteren Pullover kaufen, um Ihre Idee zu testen.

Mein wichtigster Rat ist, skizzieren Sie zuerst! Falls Sie Hemmungen haben, mit der Schere an den Pullover heranzugehen, dann denken Sie daran, dass der erste Schnitt der schwerste ist! Es wird von Mal zu Mal einfacher und es gibt noch viele preiswerte Pullover zum Üben.

Ich hoffe, dass Ihnen die Inspirationen und neuen Techniken in diesem Buches Spaß machen und Sie Lust bekommen aus alten und gefundenen Pullovern etwas Neues und Wunderschönes zu machen. Für mich ist es die schönste Art der Beschäftigung einen Gegenstand in einen anderen zu verwandeln. Leute werden fragen, ob Sie Ihre Tasche oder Ihr Bolero-Jäckchen selbst gestrickt haben. Dann sollten Sie antworten: „Ich habe das Modell selbst entworfen und aus einem recycelten Pullover genäht".

Teilen Sie die Leidenschaft!

Auswählen des Pullovers

Pullover gibt es in einer Fülle von Materialien, Stilen, Strickmustern und Schnitten. Manche Pullover sind wie geschaffen für bestimmte Modelle, während andere zwar geeignet sind, aber etwas Geduld erfordern. Verarbeiten Sie keine alten Pullover mit großen Schäden, es sei denn, Ihr Wunschmodell ist viel kleiner als der Pullover, sodass Sie um die schadhaften Stellen herumschneiden können. Die Pullover in diesem Buch sollen Ihre Fantasie anregen. Es ist nicht nötig, dass Sie den gleichen Pullover verwenden – den werden Sie auch gar nicht finden. Wählen Sie einfach einen Pullover im gleichen Stil und mit ähnlichem Strickmuster. Dann werden Sie in der Lage sein, alle diese Modelle nachzuarbeiten ... und ihnen Ihren ganz eigenen Stil zu geben.

Pulloverschnitt und -stil

JEDER GESTRICKTE PULLOVER kann mit ein wenig Sorgfalt zu etwas Neuem verarbeitet werden. Wenige Informationen über Strickmuster und Passformen werden Ihnen dabei helfen, den geeignetsten Pullover für das Recycling zu finden.

Einfache, glatt rechts gestrickte Pullover eignen sich am besten und die meisten Pullover sind auch so gestrickt. Die Maschen sehen auf der Vorderseite aus wie aneinandergereihte V's und auf der Rückseite wie ineinandergreifende kleine Schlaufen.

Kraus rechts Gestricktes ist auch geeignet. Es zeigt auf beiden Seiten die gleichen kleinen Schlaufen wie auf der Rückseite eines glatt rechts gestrickten Teils. Diese beiden Strickmuster werden bei einer großen Anzahl von Pullovern verwendet.

Rippenmuster bestehen aus senkrechten Reihen von linken und rechten Maschen. (Rechte und linke Maschen sind die Basis für jedes Gestrick.) Sie sind sehr dehnbar und typisch für Ärmel-, Tailllen- und Halsbündchen bei vielen Pullovern, wobei einige Pullover auch ganz in diesem Muster gestrickt sind. Oft können die gerippten Teile in Ihr neues Design eingefügt werden.

Daneben sind auch dreidimensionale und dekorative Muster für ein neues Design geeignet. Loch-, Spitzen-, andere Ajour-, Zopf- und Noppenmuster machen das Entwerfen interessant. Es macht viel Spaß, Spitzen und Verzierungen, die normalerweise erst zum Schluss angebracht werden, von Anfang an in ein neues Design zu integrieren. Es ist ein schneller und einfacher Weg, Ihr Modell interessant zu gestalten.

Gestricke mit Lochmustern sind ein weiteres Designelement. Lochmuster sind sehr dehnbar und weich und eignen sich besonders für Projekte, die drapiert werden und weich fallen sollen. Die offene Strickart ermöglicht es Ihnen, andere Stoffe oder Bänder durch die Löcher zu ziehen oder farbige Stoffe dahinter anzubringen. Dichte, glatte Strickarten sind meist fester und dadurch robuster. Die Maschen sind schmaler, gleichmäßiger und blickdicht. Die Modefachsprache hat für die meisten Pulloverstile einen Namen. Bei manchen Projekten wird ein bestimmter Stil vorgeschlagen; andere können aus jedem Pullover zugeschnitten werden. Hier eine kurze Beschreibung der bekanntesten Pullover:

Eine **Jacke** hat normalerweise keinen Kragen und kann entweder mit Knöpfen oder mit einem Reißverschluss geschlossen werden.

Ein **Rollkragenpullover** hat einen hohen, runden Kragen, den man ein- oder zweimal umschlagen kann, damit er sich der Länge des Halses anpasst. Er ist oft im Rippenmuster gestrickt, damit er sich dehnt.

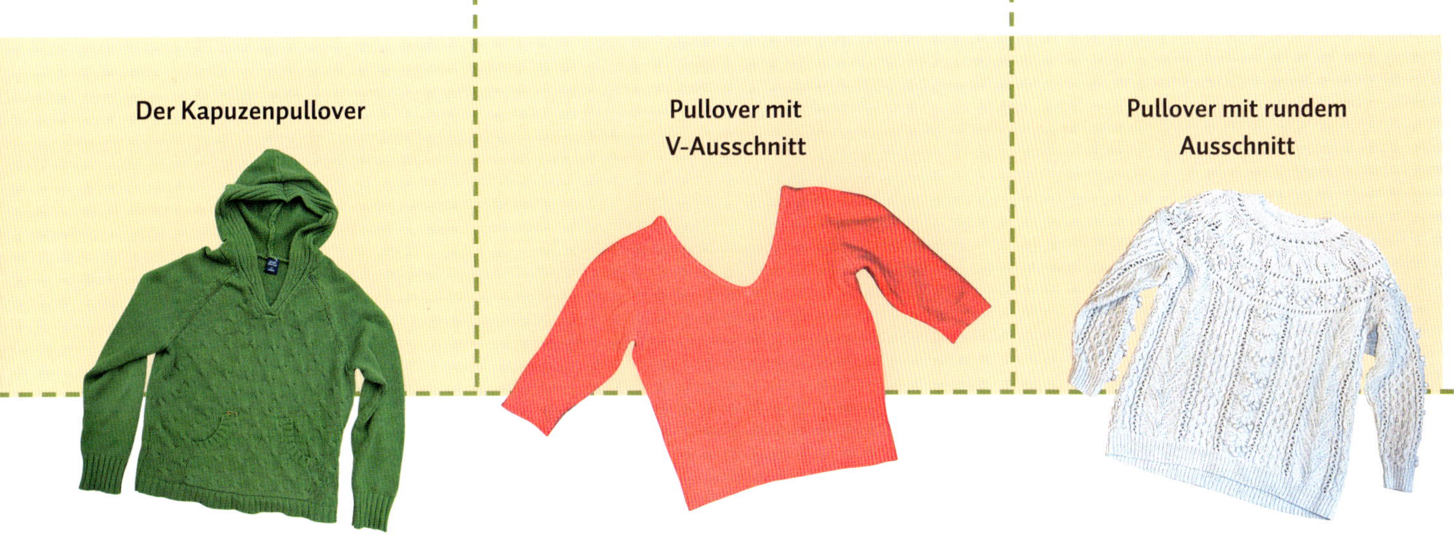

Ein **Kapuzenpullover** ist ein Pullover mit einer Kapuze. Man kann ihn über den Kopf ziehen oder vorne mit Knöpfen oder einem Reißverschluss schließen.

Ein **Pullover mit V-Ausschnitt** hat, wie sein Name schon sagt, einen V-förmigen Ausschnitt.

Ein **Pullover mit rundem Ausschnitt** hat einen hohen, runden Halsausschnitt und wird über den Kopf gezogen.

Eine **Weste** ist ein ärmelloser Pullover, die über den Kopf gezogen oder mit Reißverschluss oder Knöpfen geschlossen werden kann.

Ein **Raglanpullover** hat diagonale Nähte, die von den Armausschnitten des Vorder- und Rückenteiles zum Halsausschnitt laufen (wie oben bei dem Kapuzenpullover zu sehen).

Ein **eingesetzter Ärmel** ist am Körper des Pullovers im Armausschnitt eingenäht (wie oben bei der Jacke zu sehen).

Pullover waschen und in Form bringen

Es ist sehr wichtig, mit einem sauberen Pullover zu beginnen. Waschen Sie neue Pullover, um Chemikalien, und alte, um Flecken und Körperöle zu entfernen. Mit einem frischen, sauberen Pullover werden Sie keine unangenehmen Überraschungen erleben. Falls ein Loch oder ein Riss in dem Pullover ist, nähen Sie einmal um diese Öffnung herum, damit sich der Pulli nicht aufribbelt in der Waschmaschine. Befolgen Sie die Waschanleitung des Pulloveretiketts. Falls das Etikett verloren gegangen ist, waschen Sie den Pullover im Wollwaschgang mit Feinwaschmittel in der Maschine. Falls der Pullover in der Maschine seine Form verloren hat oder Sie ihn nicht im Trockner trocknen wollen, können Sie ihn durch Spannen wieder in seine alte Form bringen. Um einen Pullover zu spannen, legen Sie den feuchten Pullover auf ein trockenes Handtuch, ziehen ihn in die gewünschte Form und lassen ihn so auf dem Tuch liegen, bis er ganz trocken ist. Wenn Sie ein dreidimensionales Modell planen, legen Sie den Pullover nicht flach auf ein Handtuch, sondern positionieren ihn auf einem ähnlichen Objekt und lassen ihn so trocknen, damit er die gewünschte Form erhält.

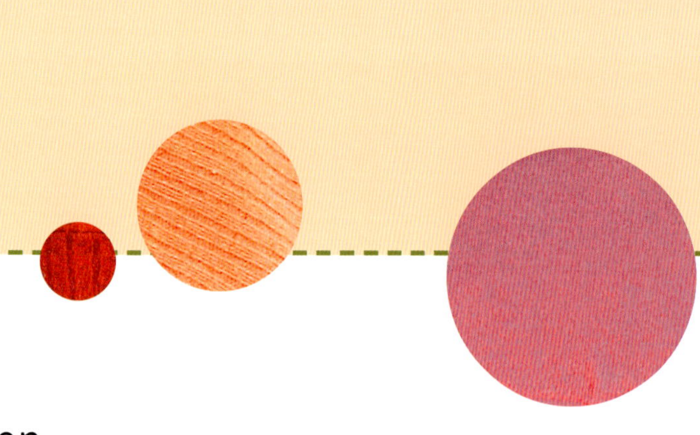

Filzen

Beim Filzen wird das Material so verdichtet, dass ein fester Stoff entsteht. 100%ige Wolle eignet sich am besten zum Filzen. Andere Tierhaar- und Synthetikmischungen lassen sich auch filzen, aber nicht so gut. Jede Faser filzt auf ihre eigene Art, es ist jedoch möglich, diesen Vorgang etwas zu kontrollieren.

Das **Nassfilzen** ist die einfachste Methode. Hierbei werden gleichzeitig die Fasern gereinigt! Im Grunde müssen Sie den Pullover nur in die Waschmaschine werfen. Es wird heißes Waschwasser benötigt, kaltes Wasser zum Ausspülen, ein sauberes Handtuch und etwas Waschpulver. Das Handtuch hilft, die nötige Reibung zu erzeugen, um das Filzen zu erleichtern. Je länger Sie den Pullover in der Waschmaschine lassen, umso dichter und steifer wird er.

Prüfen Sie den Pullover regelmäßig. Wenn er Ihren Vorstellungen entspricht, nehmen Sie ihn aus der Waschmaschine und trocknen ihn flach auf einem trockenen Handtuch (spannen). Möchten Sie, dass der Pullover stärker verfilzt, kleiner und dichter wird, benutzen Sie den Trockner. Sie können ihn dort trocknen, bis er fast oder ganz getrocknet ist. Der Pullover filzt nicht weiter, wenn Sie ihn aus dem Trockner nehmen. Sie können ihn so oft waschen und trocknen, wie Sie möchten, er wird jedesmal ein wenig dichter und stärker verfilzt. Machen Sie sich keine Sorgen, Sie können nichts

falsch machen. Werfen Sie den Pullover einfach in die Waschmaschine – das Ergebnis wird Sie inspirieren!

Beim **Nadelfilzen** verbinden sich Wollfasern, die in Schichten angeordnet sind und mit einer Filznadel mit Widerhaken durchstochen werden. Die Nadel erfasst und verhakt die Fasern miteinander. Der Vorgang ist einfach, braucht aber Zeit und Sie müssen sehr vorsichtig sein, da die Filznadel sehr scharf ist. Sie benötigen eine Filznadel und eine Unterlage. Die Filznadel besteht aus einem Griff, in dem auch mehrere Nadeln stecken können, die nötig sind, um den Vorgang zu beschleunigen. Die Unterlage kann ein weiches, dichtes Stück Schaumstoff oder eine Nadelfilzmatte sein, die ähnlich aussieht wie eine dichte Bürste.

Zu Beginn müssen Sie entscheiden, aus welcher Faser (Garn, ungesponnene Wolle, schon gefilztes Pullovermaterial) die Rückseite und aus welcher die Vorderseite bestehen soll. Legen Sie die Rückseite auf die Filzmatte und darauf die Fasern, die Sie mit der Filznadel immer wieder bearbeiten. Arbeiten Sie vom Rand zur Mitte hin.

Überprüfen Sie die Fasern regelmäßig, indem Sie den Filz von der Unterlage abnehmen. Überprüfen Sie, ob die obere und die untere Lage gleichmäßig filzen und eine neue Lage bilden. Falls Sie nur die oberen Fasern auf der Oberseite sehen wollen, stechen Sie mit der Nadel nur von der Vorder- zur Rückseite. Wenn Sie die oberen und die unteren Fasern auf beiden Seiten des gefilzten Materials sehen wollen, stechen Sie mit der Nadel von vorne nach hinten, wenden das Stück und stechen dann erneut mit der Nadel durch beide Lagen. Stechen Sie so lange in das Material, bis Sie mit Ihrem neuen Filzstück zufrieden sind. Sie können die Fasern fixieren, indem Sie die Rückseite mit dem Dampfbügeleisen und leichtem Druck bügeln.

Ausstattung und Werkzeuge

Pullover-Recycling ist ein Kinderspiel mit dem richtigen Werkzeug. Sie benötigen nicht viele Werkzeuge, aber mit den richtigen werden Ihre Vorstellungen schnell Wirklichkeit werden.

Näh- und Markierwerkzeuge

Eine einfache **Nähmaschine,** die gerade und Zickzack-Stiche näht, deren Stiche in verschiedene Längen und Breiten eingestellt werden kann und die einen Nähfuß hat, ist perfekt. Es erleichtert Ihre Arbeit, wenn Sie zwei Maschinenfüße haben, einen Nähfuß und einen Reißverschlussfuß. Halten Sie auch verschiedene **Maschinen-Nähnadeln** bereit für verschieden starke Materialien und Garne.

Polyester-/Baumwollfaden in einer Vielzahl von Farben ist geeignet für die meisten Näharbeiten. **Faden-Conditioner/Bienenwachs** zähmt den Faden genauso wie Haarconditioner die Haare. So wird vermieden, dass sich der Faden verheddert das Nähen wird einfacher.

Stecknadeln halten das Gestrick am Platz und verhindern das Wegrutschen von Pulloverteilen während des Nähens. Sie können auch **wasserlösliches Klebeband oder Heftfaden** verwenden, die die Nähte vorübergehend zusammenhalten. Sie machen das Nähen von dehnbaren Stoffen einfacher.

Sicherheitsnadeln tun das, was ihr Name sagt – sie schützen Sie vor den Spitzen, wenn Sie versuchen Ihren neuen Pullover anzuprobieren. Probieren Sie alles, was gut sitzen soll, vor einem großen Spiegel an, um sicher zugehen, dass das neue Modell perfekt passt.

Nähnadeln gibt es in vielen Varianten. Sie sollten mehrere davon zur Hand haben.

Sticknadeln haben ein etwas größeres Nadelöhr, sodass auch dickere Fäden hindurchpassen.
Polsterernadeln sind lange, extrastarke Nadeln, die sich gut zum Nähen von Kissen und Polstern eignen.

Schneiderkreide oder **Kreidestift** erlauben es Ihnen, auf Ihrem Stoff zu skizzieren. Das ist besonders hilfreich, wenn Sie neue Musterlinien einzeichnen wollen. Sie können sie auch benutzen, um eine „Stichhilfe" zu zeichnen. Die Markierungen können anschließend ausgebürstet oder ausgewaschen werden.

Bügeleisen, Bügelbrett und Bügeltuch werden manchmal benötigt. Gebraucht wird ein Dampfbügeleisen, das stufenregulierbar ist. Es ist notwendig zum Glätten der Nähte und abschließenden Bügeln eines Modells. Es kann einen großen Unterschied machen, ob ein fertiges Teil gebügelt wurde oder nicht. Schützen Sie Ihr Modell beim Bügeln durch ein Bügeltuch. Auch Ihr Bügeleisen wird so vor Klebstoffresten etc. geschützt. Das Bügeltuch kann ein weißer Stoffrest sein; auch eine Stoffwindel eignet sich gut.

Schneidewerkzeuge

Scharfe Stoffscheren von guter Qualität sind ein Muss. Nichts ist frustrierender, als mit einer stumpfen Schere zu schneiden. Heben Sie Ihre Stoffschere separat von Ihrer Haushaltsschere auf und benutzen Sie sie nicht, um Papier zu schneiden.

Stickscheren sind 7,6 oder 10,2 cm lang, haben scharfe Spitzen und sind ein Traum, wenn Sie einen Saum auftrennen oder kleine Fadenenden abschneiden wollen.

Ein **Nahttrenner** hat eine einfache krallenförmige Spitze und ist besonders hilfreich beim Auftrennen am Anfang von Säumen oder an der Stelle, an der sich zwei Säume treffen.

Ein **Rollschneider** ist ein großartiges Werkzeug, um gerade Linien zu schneiden. Er hat eine scharfe, runde Klinge und sieht ähnlich wie ein Pizzamesser aus. Er ist sehr scharf, vergessen Sie deshalb nicht den Klingenschutz, wenn Sie nicht damit arbeiten. Eine **Schneideunterlage** schützt die Oberfläche Ihres Tisches und ein durchsichtiges Lineal hilft Ihnen, gerade zu schneiden.

Manchmal hat ein alter oder gefilzter Pullover eine schäbige und fusslige Oberfläche. Richten Sie ihn mit einem **Fusselrasierer** wieder her. Den können Sie auch für die Pullover in Ihrem Schrank noch verwenden.

Klebstoffe und Vliese

Vliese sind Stoffverstärker, um Stoffen, Stickereien, Applikationen oder anderen dekorativen Ausschmückungen Halt zu geben. Sie können wasserlösliches Vlies benutzen, wenn Sie den Stoff nur während des Nähens verstärken möchten.

Bügeleinlagen sind Stoffe, die ähnlich wie ein wasserlösliches Vlies Halt geben, mit dem Unterschied, dass sie nach der Fertigstellung in dem Stück verbleiben.

Bügelvliese gibt es in Streifen oder als Meterware mit oder ohne Trägerpapier. Vliese mit Trägerpapier werden in zwei Schritten angebracht. Zuerst wird die Seite ohne Trägerpapier auf den Stoff aufgelegt. Danach wird das

Trägerpapier entfernt und eine zweite Stofflage oder ein Besatz darübergelegt. Das Bügelvlies, ohne Trägerpapier liegt zwischen beiden Stoffen (oder Stoff und Besatz) und wird in einem Schritt angebracht.

Fraycheck ist eine Flüssigkeit, die trocknet, verstärkt und Fadenenden oder Knoten fixiert. Damit kann ein Faden befestigt werden, der zu kurz ist zum Vernähen oder zum Verknoten.

Textilkleber ist großartig, um eine Applikation oder einen Besatz so anzubringen, dass sie nicht verrutschen oder sich während des Nähens verschieben. Um zu vermeiden, dass zu viel Klebstoff auf das Projekt tropft, drücken Sie Klebstoff auf ein Stückchen Papier und benutzen Sie einen Zahnstocher, um ihn damit auf dem Strickstück zu verteilen.

Werkzeug-Grundausstattung

In diesem Buch wird eine Reihe von Nähutensilien verwendet. Sie benötigen jedoch nur die folgenden Dinge. Mit ihnen werden Sie in der Lage sein, fast alle Modelle in diesem Buch nachzuarbeiten – und mehr!

Grundausstattung

- Schneiderkreide oder Kreidestift
- Nähnadeln
- Stoffschere
- Lineal oder Maßband
- Nahttrenner
- Nähmaschine
- Steck- und Sicherheitsnadeln

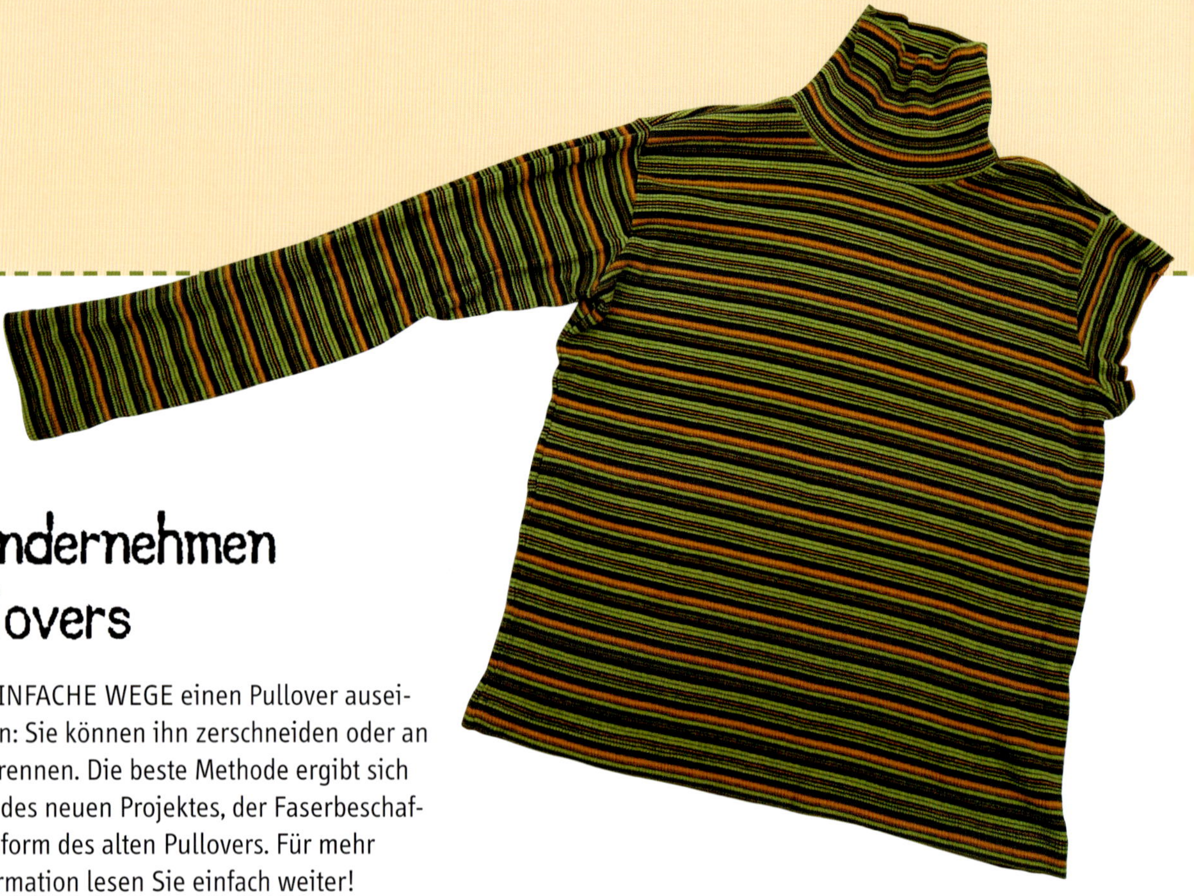

Auseinandernehmen des Pullovers

ES GIBT ZWEI EINFACHE WEGE einen Pullover auseinanderzunehmen: Sie können ihn zerschneiden oder an den Nähten auftrennen. Die beste Methode ergibt sich aus dem Design des neuen Projektes, der Faserbeschaffenheit und Passform des alten Pullovers. Für mehr Details und Information lesen Sie einfach weiter!

Typische Pullovernähte

Die meisten Pullover sind gekettelt oder mit einem Kettstich zusammengenäht. Eine **gekettelte Naht** muss auseinandergeschnitten werden, während Sie beim Kettstich einfach nur den richtigen Faden finden müssen, an dem Sie ziehen, um die Naht zu teilen (siehe „Nähte auseinanderschneiden“).

Eine gekettelte Naht besteht aus drei, vier oder fünf Fäden und kann nur mit einer Overlockmaschine genäht werden.

OVERLOCKNAHT

KETTSTICH

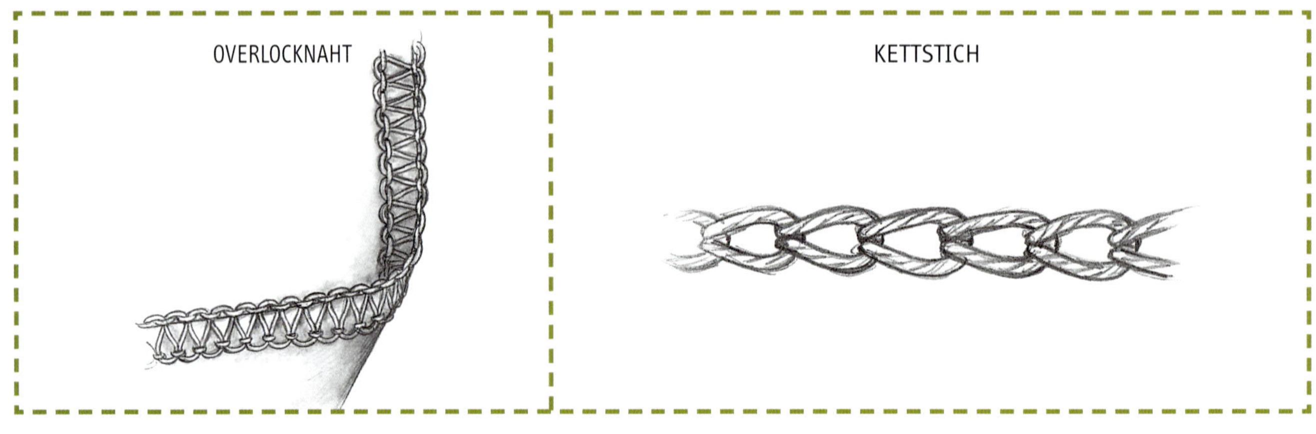

Die **Overlockmaschine** schneidet das Strickstück, während sie die Naht näht. Die Kante des Strickpullovers wird auseinanderfallen und sich auftrennen, wenn Sie die gekettelte Naht entfernen.

Ein **Kettstich** wird bei der Herstellung von vielen maschinengestrickten Pullovern eingesetzt. Er sieht aus wie ein handgestickter Kettstich. Er kann in einem Schritt entfernt werden, wenn Sie den richtigen Faden auf der richtigen Seite und in die richtige Richtung ziehen! Das ist sehr nützlich, wenn Sie das Garn des Pullovers zum Nähen des neuen Modells benutzen wollen. Versuchen Sie den Kettstich-Saum zu öffnen, um den richtigen Faden zu finden.

Nähte auseinanderschneiden

Es gibt einige Fälle, in denen es einfacher ist, den Pullover auseinanderzuschneiden, als die Nähte zu öffnen. Schneiden Sie jeden Pullover, der gefilzt ist, auseinander, da die Maschen verfilzt sind und sich deshalb nicht auftrennen.

Zerschneiden Sie jeden Pullover, der mit gekettelten Nähten zusammengenäht ist. Overlockmaschinen ketteln und schneiden die Maschen des Gestricks entlang der Nahtkanten während sie nähen; wenn Sie die Stiche entfernen, wird Ihr gesamter Pullover auseinanderfallen. Sie können einen Pullover auch auseinanderschneiden, wenn für das neue Modell die genähten Kanten nicht gebraucht werden (siehe „Vorhandene Designelemente und Kanten nutzen") und wenn Vorderteil, Rücken oder Ärmel groß genug sind, um genügend Pullovermaterial zur Verfügung zu haben.

Wenn Sie sich entschlossen haben, den Pullover auseinanderzuschneiden, sollten Sie um die Stelle, an der Sie schneiden wollen, mit der Maschine herumnähen, besonders bei losen Geweben. Schneiden Sie knapp neben Ihrem Saum; die Stiche verhindern, dass sich das Gestrick auftrennt, reduzieren das Dehnen und sind eine Richtlinie für das Schneiden.

Nähte auseinander trennen?

Die meisten Nähte werden (andere als gekettelte Säume) einfach getrennt, wenn man an einem einzigen Faden zieht. Beginnen Sie damit, dass Sie die Naht mit einem Nahttrenner öffnen. Wenn der Anfang der Naht geöffnet ist, ziehen Sie an einem der Fäden. Wenn die Naht sich nicht einfach öffnet, ziehen Sie am anderen Fadenende. Die gesamte genähte Naht sollte auseinanderfallen, wenn Sie am richtigen Faden ziehen. Nehmen Sie Nähte auseinander, wenn Sie die Kante des Saumes auch als Saumkante Ihres neuen Projekts nutzen wollen und/oder wenn der Originalsaum wieder an einer anderen Stelle angenäht werden soll. Sie sollten Sie auch auseinandernehmen, wenn diese Stelle besonders gut sichtbar und exponiert ist.

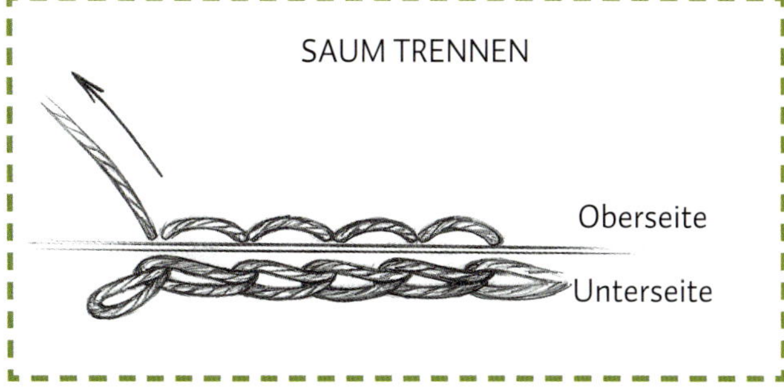

Vorhandene Designelemente und Kanten nutzen

Es macht Spaß und ist einfach die vorhandenen Designelemente und fertigen Kanten der Original-Pullover in
Ihr neues Projekt zu integrieren. Nehmen Sie die Nähte
auseinander (nicht schneiden), es sei denn Ihr Pullover
ist gefilzt oder gekettelt. Gerippte Kanten an Bund und
Ärmelbündchen vieler Pullover sehen am neuen Modell
sehr hübsch aus. Kragen, gestrickte Muster, Taschen und
fast jedes Designelement ergeben interessante Akzente
bei neuen Projekten, wie zum Beispiel der Bommelmütze (Seite 48), den Fäustlingen und Strümpfen (Seite
40) und der Handtasche „Im Rampenlicht" (Seite 34).
Sie können auch schon bereits existierende Knöpfe und
Verschlüsse wie bei der Tasche „Spatz in der Hand"
(Seite 28) verwenden.

Garn des Pullovers zurückgewinnen

Wenn Sie einen Pullover modisch neu gestalten möchten, ist das Abstimmen der exakten Faden- oder Garnfarbe manchmal sehr wichtig, oft aber auch unwichtig. Falls Sie eine perfekte Übereinstimmung möchten, benutzen Sie das Garn des Originalpullovers. Das ist besonders einfach, wenn der Pullover mit Kettstichen genäht war. Öffnen Sie vorsichtig die Nähte, sodass Sie einen einzigen Faden oder mehrere lange Fäden erhalten. Wickeln Sie das Garn um einen kleinen Karton oder ein Stück Papier, damit es sich nicht verwickelt, bis Sie es benötigen. Falls Sie beim Auftrennen des Pullovers an den Nähten keine langen Garnfäden erhalten haben, sollten Sie versuchen, Teile, die Sie nicht benötigen komplett aufzutrennen. Oder benutzen Sie einfach das passendste Garn, das Sie finden können.

Nähen des neuen Designs

SIE KÖNNEN DAS NEUE DESIGN mit der Hand oder mit der Maschine nähen. Das gilt für die meisten Projekte, aber scheuen Sie nicht davor zurück, mit der Hand zu nähen, nur weil Sie glauben, es ist ermüdend oder Sie können es nicht gut. Man braucht nur etwas Übung und Geduld.

Nähen von Hand

Die meisten von Hand genähten Dinge vermischen sich mit dem Gestrick und werden unsichtbar, besonders dann, wenn Sie mit farblich passendem Faden nähen. Nähen mit der Hand kann überaus entspannend und meditativ sein und Sie können die Arbeit überall hin mitnehmen!

Falls die Stiche sichtbar sein sollen, üben Sie sie an einem kleinen Stückchen des Pullovers.

Ihre Stiche können gleichmäßig oder willkürlich und zufällig sein. Probieren Sie es aus, Sie können immer wieder auftrennen und neu beginnen.

Nähen Sie mit **einfachem Faden,** wenn Sie mit Stickgarn arbeiten oder wenn Sie ein zartes Aussehen erzielen möchten. Machen Sie keinen Knoten am Ende, da er sofort durch den Pullover hindurchschlüpfen wird.

Stechen Sie stattdessen den ersten Stich von der Unterseite durch den Stoff zur Oberseite, verknoten Sie den Faden mit dem Sie nähen mit dem Fadenende, um den Faden daran zu hindern, durch den Stoff zu schlüpfen. Um weiterzunähen, siehe die Stiche auf Seite 22–25.

NÄHEN VON HAND

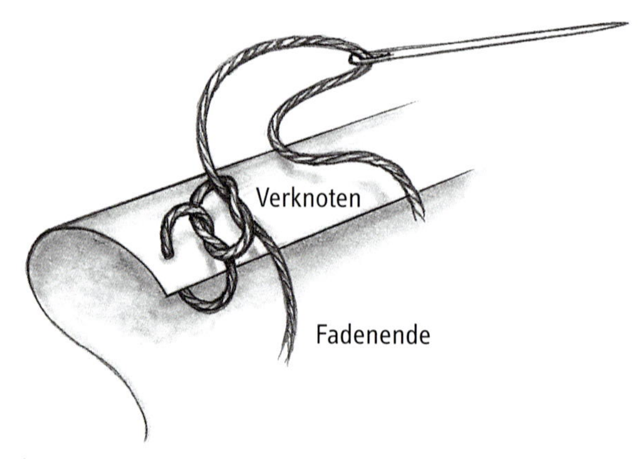

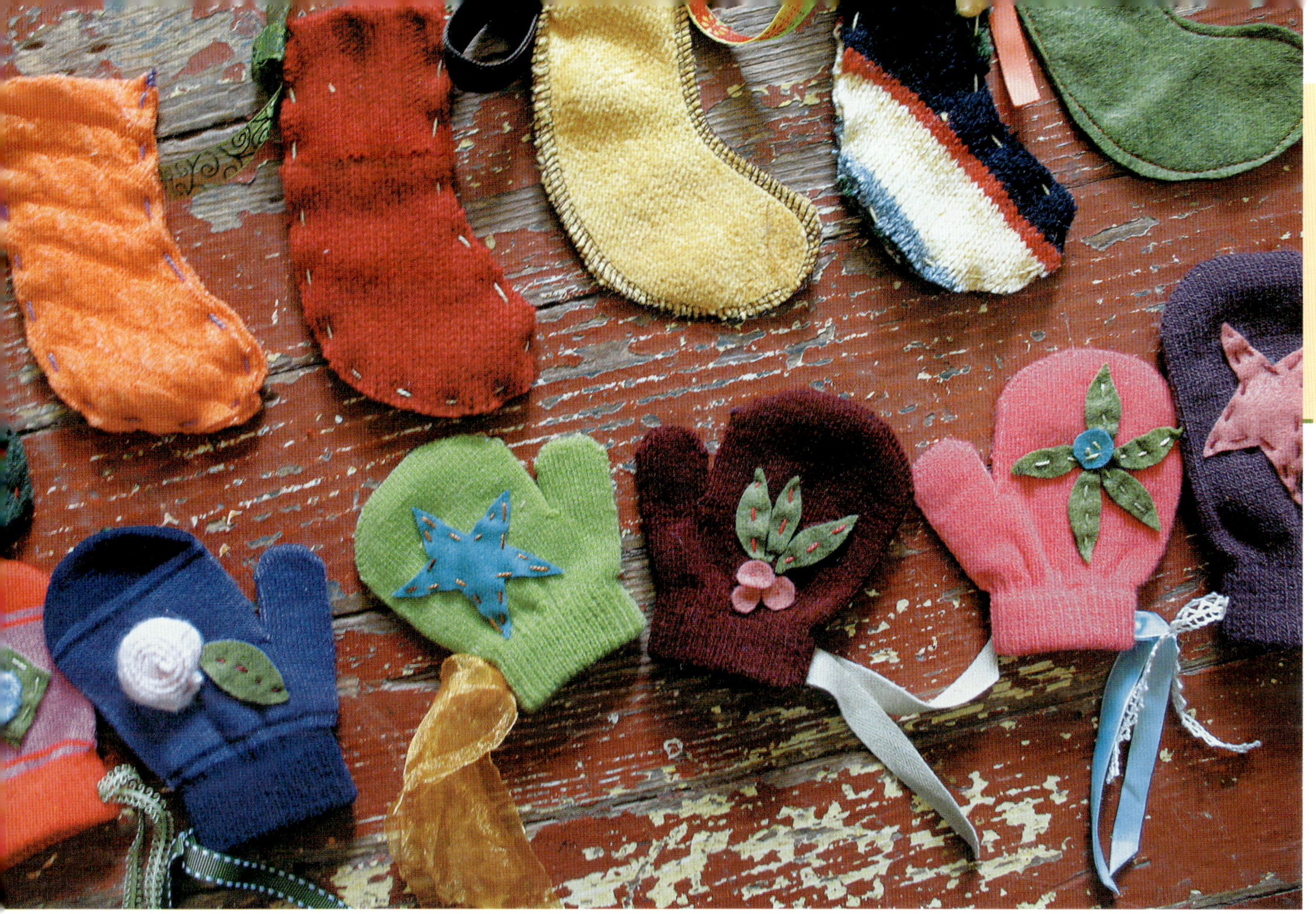

Nähen Sie mit **doppeltem Faden,** wenn die Nähte fest und auf der Oberseite nicht sichtbar sein sollen. Knoten Sie die beiden Enden zusammen. Stechen Sie mit der Nadel von der Unterseite zur Oberseite und ziehen Sie am Faden, sodass der Knoten fast die Unterseite des Stoffes berührt. Stechen Sie mit der Nadel zurück durch die Schlaufe vor dem Knoten und ziehen Sie den Faden an, sodass er eng am Stoff anliegt. Das verhindert, dass der Faden durch den Pullover schlüpft. Um weiter zu arbeiten, siehe die Stiche auf Seite 22–25.

Verstecken Sie die **Fadenenden am Ende der Näharbeit.** Ziehen Sie den Faden mitten durch den Strickstoff, nachdem Sie einen Knoten gemacht haben. So verschwindet der Knoten im Genähten und es wird verhindert, dass sich der Knoten öffnet.

STECKEN SIE DIE NADEL DURCH DIE SCHLAUFE

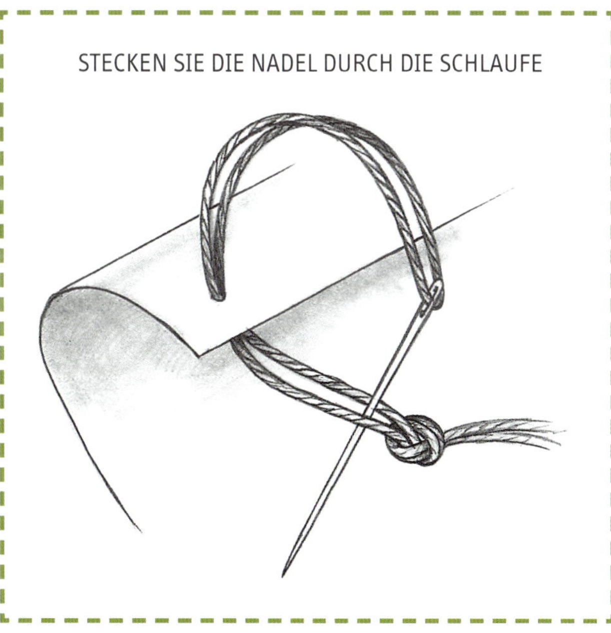

Nähen mit der Maschine

Die meisten Pullover sind **dehnbar**, es sei denn sie sind
gefilzt. Sie tendieren mehr dazu, sich in die Breite zu
dehnen als in die Länge. Wenn Sie den Stretch-Effekt
für Ihr neues Projekt beibehalten wollen, nähen Sie die
neuen Stücke mit Zickzackstichen oder Stretchstichen
zusammen. Um das Pullovergestrick am Überdehnen
zu hindern, benutzen Sie ein **Vlies** (siehe Seite 15), das
Sie auf der Rückseite anbringen, um ein Dehnen zu
verhindern.

Auch die **Stichlänge** ist wichtig. Kürzere Stiche sollten
für feine, leichte und längere Stiche für dickere
Strickereien benutzt werden. Falls die Enden eines aus-
einandergenommenen Pullovers in dem neuen Projekt
zu sehen sind, nähen Sie mit kurzen Stichen (sechs bis
acht Stiche auf 2,5 cm) entlang der neuen Kante.

Heftstiche sind lange Stiche, die vorübergehend zwei
Teile zusammenhalten oder eingesetzt werden, um ein
größeres auf ein kleineres Stück aufzukräuseln
und/oder einen dekorativen Besatz zu schaffen.

Wenn Sie starke, sichere Nähte benötigen, die z. B. bei
einer Tasche viel Gewicht aushalten, nähen Sie zwei
parallele Nähte. Die zweite Naht sollte außerhalb der
ersten Naht in der Nahtzugabe genäht werden.
Zwei Nähte werden außerdem die Wahrscheinlichkeit,
dass sich das Gestrick auftrennt, auf ein Minimum
reduzieren.

Aufbau und dekorative Stiche

Ein einfacher **Applizierstich** wird zum Annähen
von Applikationen benutzt. Die Stiche in gleichmäßigen Abständen und Längen nähen.

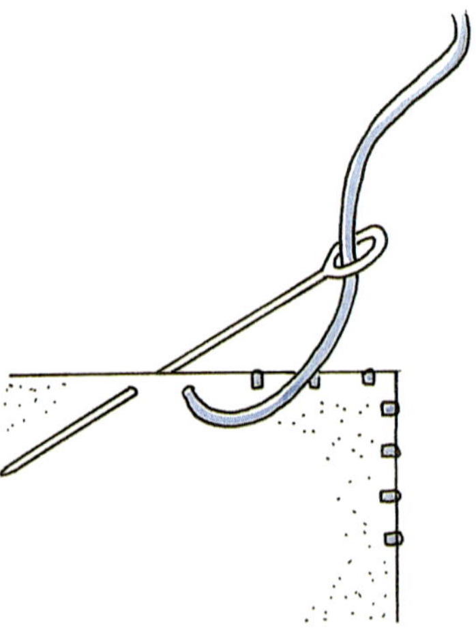

VON HAND NÄHEN: Stechen Sie die Nadel von der Rückseite
des unteren Stoffes durch die Applikation, und zwar 1,6 bis
3,2 mm entfernt von der Kante. Stechen Sie mit der Nadel
wieder in den unteren Stoff gegenüber des Fadenendes und
dann zurück zur Applikation. Nähen Sie immer so weiter,
einen Stich nach dem anderen.

Die meisten dieser Stiche können mit Hand oder Maschine genäht werden. Schauen Sie in Ihrer Nähmaschinenanleitung nach, welche Stiche mit Ihrer Maschine möglich sind.

Der **Rückstich** ergibt eine besonders haltbare, enge, flexible Naht. Einige Rückstiche am Anfang und am Ende der Naht sorgen für extra Halt und Sicherung der Stiche.

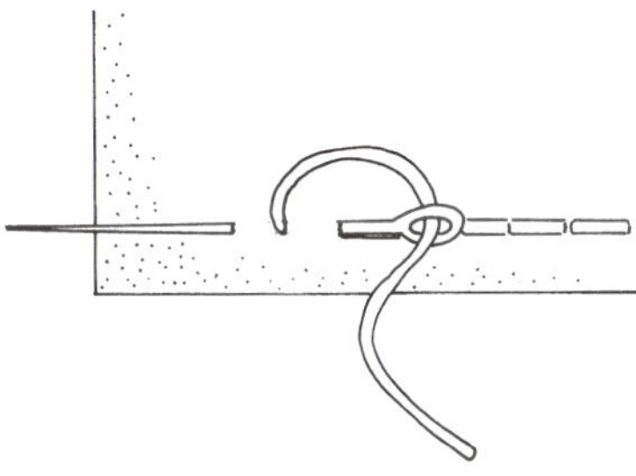

VON HAND NÄHEN: Machen Sie einen 3 mm langen Stich. Stechen Sie die Nadel hinter dem Faden ein und machen Sie einen weiteren 3 mm langen Stich. Arbeiten Sie so weiter, um eine Naht zu nähen.

MIT DER MASCHINE NÄHEN: Machen Sie zwei Stiche, schalten Sie die Maschine auf „rückwärts" und nähen Sie über diese zwei Stiche. Fahren Sie mit der Naht fort, indem Sie noch ein drittes Mal über die Stiche nähen.

Heftstiche haben dieselbe Funktion wie Stecknadeln. Sie vermindern das Verziehen des Stoffs und dienen dazu Teile zusammenzuhalten. Nähen Sie mit der Hand Heftstiche, um die Stofflagen zusammenzuhalten. Sie können die Heftstiche entfernen, wenn Sie die Arbeit beendet haben. Sie können auch mit langen Heftstichen ein Teil einreihen.

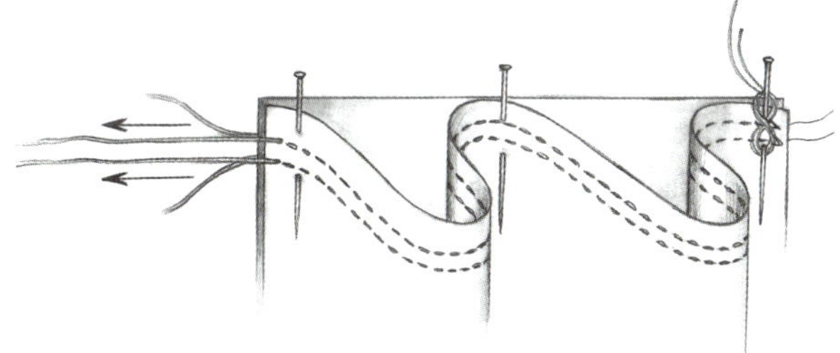

MIT HAND ODER MASCHINE EINREIHEN: Nähen Sie zwei parallele Nähte mit langen, geraden Stichen. Lassen Sie lange Fadenenden hängen. Sichern Sie ein Ende des Fadens und ziehen Sie an dem anderen Ende, um den Stoff einzureihen. Um etwas mit der Hand einzureihen, benutzen Sie einen Heftstich und mit der Maschine nähen Sie mit einem langen, geraden Stich.

Der **Schlingstich** ist ein hübscher Stich, um eine Kante zu betonen oder Bilder, Motive und Applikationen auf einen Hintergrundstoff aufzunähen. Sie können ihn auch zum Zusammennähen zweier Nähte benutzen.

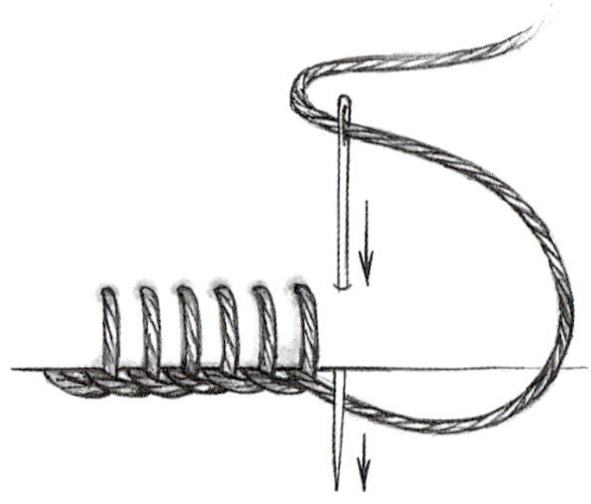

VON HAND NÄHEN: Arbeiten Sie von links nach rechts. Stechen Sie mit der Nadel von der Rückseite zur Vorderseite in dem von Ihnen gewünschten Abstand zur Kante. Halten Sie den Faden so, dass er hinter der Nadelspitze liegt. Ziehen Sie die Nadel durch die Fadenschlaufe, um einen Knoten an der Stoffkante zu bekommen. Achten Sie auf einen gleichmäßigen Abstand der Stiche, variieren Sie sie aber in der Länge für ein dekoratives Sticken.

Der **Vorstich** besteht aus einer Reihe von geraden Stichen, die auf der Vorder- und Rückseite zu sehen sind. Benutzen Sie lange Vorstiche, um die gewünschte Stelle eines Pullovers einzureihen, oder um ein Ausdehnen zu verhindern. Kurze Vorstiche eignen sich um eine Naht zu sichern oder zur Dekoration.

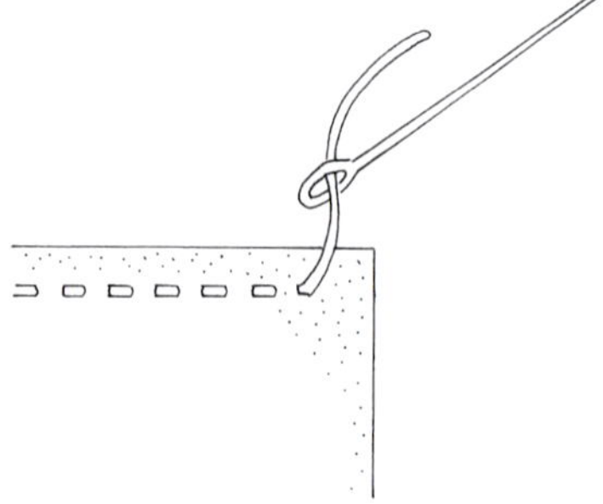

VON HAND NÄHEN: Bringen Sie die Nadel auf der Oberseite an die gewünschte Stelle. Stechen Sie auf und ab, um in gleichmäßigen Abständen mehrere kleine Stiche zu arbeiten. Achten Sie darauf, dass die Stiche und die Abstände zwischen den Stichen die gleiche Länge haben.

Der **Plattstich** ist sehr dekorativ und eignet sich gut, um die Kanten einer Applikation zu betonen. Der maschinengestickte Plattstich besteht aus einer Reihe von Zickzackstichen, die eine dicke Linie bilden.

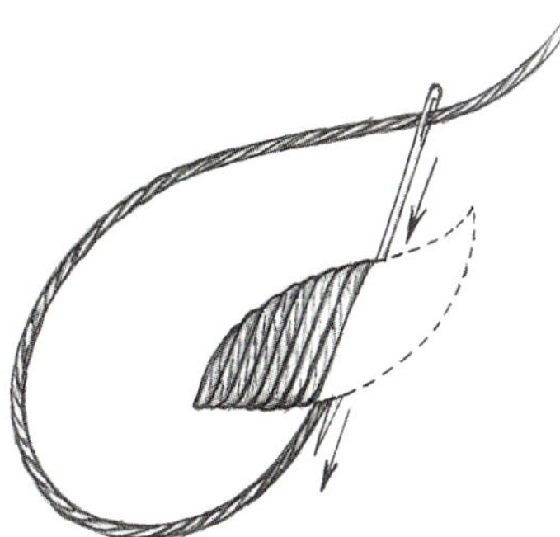

VON HAND NÄHEN: Stechen Sie die Nadel zur Oberseite durch und führen Sie dann den Faden über die Stelle, die ausgefüllt werden soll. Stechen Sie erneut ein, schieben Sie die Nadel unter dem Stoff nach rechts und stechen Sie neben dem vorangegangenen Stich wieder nach oben. Setzen Sie das fort, bis die Stelle ganz gefüllt ist.

Der **Saumstich** ist ein fast unsichtbarer von Hand genähter Stich, der zwei gefaltete Kanten zusammenhält.

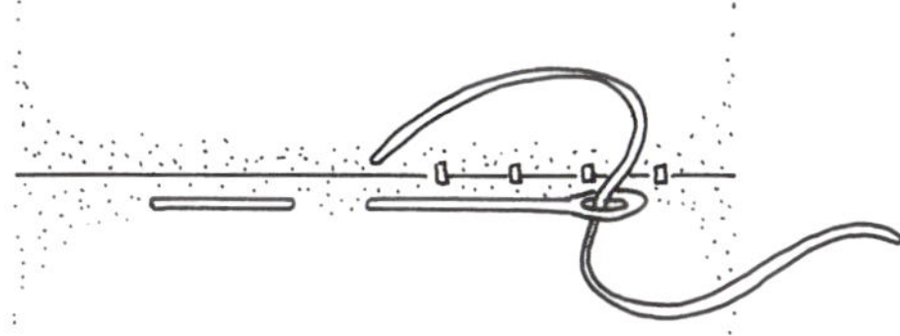

VON HAND NÄHEN: Stechen Sie die Nadel in den Einschlag und führen Sie sie durch die eingeschlagene Kante. Stechen Sie die Nadel in den Einschlag der gegenüberliegenden Kante und führen Sie sie ungefähr 6 mm weiter. Arbeiten Sie mit jedem Stich abwechselnd von Kante zu Kante.

Der **Überwendlingstich** liegt über einer geschnittenen Kante, um sie haltbarer zu machen und um ein Aufribbeln zu verhindern.

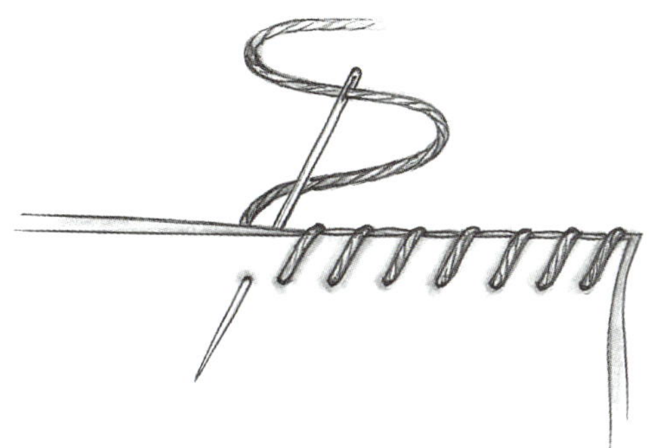

VON HAND NÄHEN: Legen Sie die beiden rechten oder linken Stoffseiten zusammen, Umnähen Sie die Kanten mit Stichen in einem Abstand von 6 mm. Arbeiten Sie so lange Stiche wie notwendig, um einen festen Saum zu bekommen. Arbeiten sie die Anfangsstiche über das Fadenende.

Vielfarbiger Schal von
Mindy Relyea, Seite 50

Greifen Sie zu Ihrer Schere und beginnen Sie zu schneiden!

Nachdem die Basics erklärt sind, sollten Sie im nächsten Schritt einen Versuch starten. Dieser Teil des Buches enthält eine Vielzahl von Modellen mit Schritt-für-Schritt-Anleitungen, Zeichnungen und Schnittmustern, die Sie ganz einfach an Ihr Ziel bringen, egal ob Sie gerade oder gebogene Nähte arbeiten möchten. Vom zerlegten Pullover bis zur witzigen Figur, die mit Sicherheit ein Lächeln auf Ihr Gesicht zaubern wird — die folgenden Seiten helfen Ihnen dabei, Ihren Pullover auseinanderzunehmen und daraus ein Meisterstück zu gestalten.

Anmerkung: Alle Projekte stammen von der Autorin, es sei denn, es ist anders vermerkt.

Materialien

- bestickte Jacke
- passender Nähfaden
- trapezförmige Taschenbügel
- 3 Knöpfe

Werkzeuge

- Grundausstattung (Seite 15)
- 3 Schnittmuster (Seite 144–145)

Handtasche „Spatz in der Hand"

Das Sammeln von Stickereien kann großes Vergnügen bereiten, aber was fängt man damit an? Verwandeln Sie doch einfach die bestickten Teile eines alten Pullovers in etwas, das Ihnen täglich Freude bereitet – z. B. in diese niedliche Handtasche.

Tipp

Falls es schwierig ist, das vordere Schnittmusterteil zu positionieren, weil Sie die Pulloverstickerei nicht sehen können, zeichnen Sie den Schnitt auf Pergamentpapier oder Schnittpapier auf.

Beginn der Arbeit

Vergrößern Sie die Schnittmusterteile auf dem Fotokopierer um 200%. Schneiden Sie eine Rückseite, eine rechte und eine linke Vorderseite aus der Jacke möglichst so heraus, dass die Stickerei gut zur Geltung kommt und sich die Knopfleiste in die Tasche einfügt. Beachten Sie, dass das Schnittmuster der Rückseite zur Hälfte an der Mittellinie gefaltet werden kann, um es dann an einem gefalteten Stück der Jacke festzustecken. Nachdem die Teile zugeschnitten sind, übertragen Sie die Schnittmustermarkierungen mithilfe von Schneiderkreide, Kreidestift oder Stecknadeln.

Schritt 1

Legen Sie die linke Vorderseite über die rechte Vorderseite mit den Oberseiten nach außen, wie der Schnitt zeigt. Steppen Sie an der inneren Kante der Knopfleiste entlang. Verriegeln Sie mit Rückstich beide Enden der Naht.

Schritt 2

Stecken Sie die zusammengefügten Vorderseiten rechts auf rechts an die Rückseite. Markieren Sie mit einer Nadel auf jeder Seite die Stelle, an der Sie zu nähen beginnen und enden. Benutzen Sie das Schnittmuster als Richtschnur. Nähen Sie mit der Maschine von einer Markierung an der Seite nach unten, über den Taschenboden und nach oben zur anderen Markierung. Verriegeln Sie mit Rückstich an beide Enden der Naht. Nähen Sie eine zweite Naht nahe der ersten in der Nahtzugabe, um größere Stabilität zu erzielen und ein Ausfransen zu verhindern.

Schritt 3

Falten und stecken Sie die verbliebenen Nahtzugaben zur Innenseite und nähen Sie sie von Hand fest. Schlagen Sie die oberen Kanten an der Markierung zur Innenseite um. Platzieren Sie die untere Kante des Taschenbügels unter den eingeschlagenen Taschenkanten. Nähen Sie mit Saumstich an der Stoffkante entlang.

Tipp

Sie möchten die Origi-
nalknöpfe durch auffäl-
ligere Knöpfe ersetzen,
die zu den Griffen pas-
sen? Nähen Sie sie ein-
fach über den Knopf-
löchern an.

Materialien

- langärmeliger, gefilzter Pullover
- passender Nähfaden
- 8 silberne Vorhangösen,
  Ø 2,5 cm

Werkzeuge

- Grundausstattung (Seite 15)

Sammelsurium-Beutel

Dieser lässige Beutel ist das perfekte Accessoire für unterwegs. Warum nicht einmal einen gefilzten Pullover mit Vorhangösen kombinieren, um daraus eine sportliche Tasche zu machen?

Beginn der Arbeit

Prüfen Sie den Pullover, um zu entscheiden, auf welche Art Sie das Strickmuster oder das Design nutzen wollen. Sie müssen zwei gleich große Rechtecke aus dem Vorder- und Rückenteil eines Pullovers zuschneiden in einer Größe von 30,5 x 35,6 cm.

Schritt 1

Die Oberseiten liegen aufeinander und Sie nähen an beiden Seiten und am Taschenboden, nahe den Schnittkanten des Pullovers.

Schritt 2

Um Ecken an den Taschenboden zu nähen, drehen Sie die Tasche auf links. Falten Sie an einer Ecke die Taschenbodennaht auf die Seitennaht und nähen Sie ein Dreieck, ungefähr 3–4 cm von der Spitze der Ecke entfernt. Wiederholen Sie dies an der anderen Ecke. Nähen Sie die Ecken von Hand an die Bodennaht. Wenden Sie den Beutel.

Schritt 3

Messen Sie entlang der oberen Kante der Tasche und markieren Sie in gleichmäßigem Abstand vier Stellen an beiden Seiten für die Ösen. Zum Anbringen der Ösen lesen Sie die Anleitung auf der Packung.

Schritt 4

Schneiden Sie einen 2,5–3,8 cm breiten Streifen aus einem der Ärmel heraus, wie im Foto gezeigt. Falten Sie Schnittkanten zur Innenseite und nähen Sie mit dem Saumstich das Band für den Schulterriemen.

Schritt 5

Ziehen Sie den Schulterriemen durch die Ösen und nähen Sie die beiden Enden mit Saumstichen zusammen.

Materialien

- gestreifter, gefilzter Pullover
- darauf abgestimmter einfarbiger Pullover
- passender Nähfaden
- Taschenhenkel:
  gerader Stab, 29,2 x 11,4 cm,
  mit Taschenbügel
- Anstecknadel

Werkzeuge

- Grundausstattung (Seite 15)
- Klebepistole und -stäbe
- Schnittmuster
  (Seite 144–145)

Fröhlich gestreifte Handtasche

Freche Streifen, egal ob längs oder quer ergeben eine
lustige Tasche! Diese niedliche Tasche ist quer gestreift und
hat einfarbige Seitenteile.

Beginn der Arbeit

Vergrößern Sie die Schnittmuster-
seitenteile um 200% und schneiden Sie zwei Teile aus dem einfarbigen, gefilzten Pullover zu.
Schneiden Sie zwei Rechtecke aus
dem gestreiften Pullover wie folgt
zu: 52,1 x 34,3 cm oder die Länge
Ihrer Taschenbügel zuzüglich
5,1 cm. Ist der Pullover nicht groß
genug, schneiden Sie zwei Stücke
(vom Vorder- und vom Rückenteil)
zu und nähen Sie sie zusammen.
Denken Sie daran, jedes Teil mit
1,5 cm Nahtzugabe zuzuschneiden.
Die Naht sollte am Boden der
Tasche liegen.

Schritt 1

Stecken Sie die Seitenteile an die
gestreiften Taschenseiten; die
Oberseiten liegen aufeinander.
Da die Seitenteile gerundet sind,
stecken Sie sie von der Bodenmitte
zu den Enden. Nähen Sie die Nähte
mit der Maschine und achten Sie
darauf, dass Sie das Material nicht
dehnen. Verriegeln Sie mit Rückstich an beiden Enden der Naht.

Schritt 2

Legen Sie die Taschenbügel an die
obere Kante der Tasche. Markieren
Sie mit Stecknadeln an beiden Seiten die Stelle wo jedes Bügelende
auf den Stab trifft. Schneiden Sie
einen Schlitz von 2,5 bis 3,8 cm.
Legen Sie die obere Stoffkante um
den Stab und schieben Sie die
Taschenbügel nach oben durch die
Schlitze. Schließen Sie die Schlitze
mit Saumstichen. Nähen Sie die
obere Kante an die Tascheninnen-
seite, indem Sie gleichzeitig den
Stab mit einnähen.

Schritt 3

Um der Tasche Form zu geben,
machen Sie eine Falte in die Mitte
der beiden Seitenteile, indem Sie
einen 1,2 cm breiten Abnäher in der
Mitte nähen. Beginnen Sie 1,2 cm
von der oberen Kante entfernt

Schritt 4

Um die Verzierung zu gestalten
schneiden Sie einen 2,5 cm breiten
und 15,2 bis 17,8 cm langen Streifen
aus einem der Halsbündchen
heraus. Nähen Sie mit Heftstichen
(Seite 23) entlang einer langen
Kante. Ziehen Sie an den Fäden, sodass ein Kreis entsteht. Nähen Sie
die beiden kurzen Enden zusammen. Kleben Sie eine Anstecknadel
auf die Rückseite und kleben Sie
auf der Vorderseite einen Knopf
auf. Stecken Sie die Verzierung auf
die Tasche.

Handtasche „Im Rampenlicht"

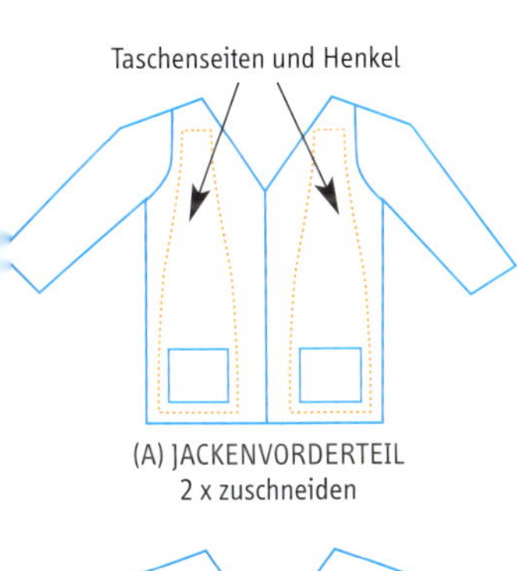

Taschenseiten und Henkel

(A) JACKENVORDERTEIL
2 x zuschneiden

Taschenkörper

(B) JACKENRÜCKENTEIL
1 x zuschneiden

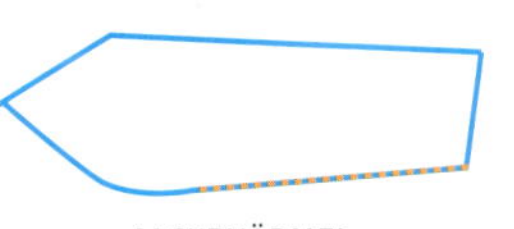

JACKENÄRMEL
den Ärmel aufschneiden

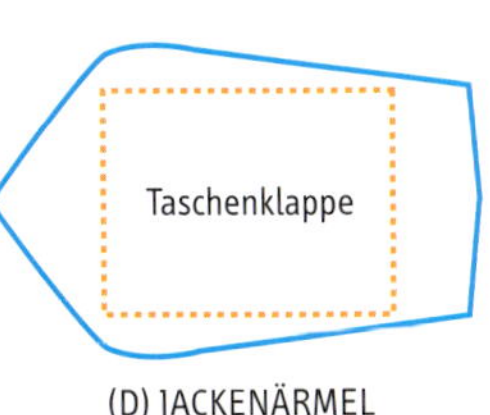

Taschenklappe

(D) JACKENÄRMEL
1 x zuschneiden

Schon vorhandene Muster in einem Pullover können Ihnen helfen, die tollsten neuen Modelle zu schaffen. Hier wird aus einer Jacke mit Taschen eine witzige Tasche. Ein paar Bommeln geben der Tasche ein freches, unkonventionelles Aussehen.

Beginn der Arbeit

Schneiden Sie die Seitenteile und Henkel aus den Vorderteilen so zu, dass die Taschen entlang der Bodenkante sitzen (siehe Zeichnung A). Schneiden Sie den Taschenkörper aus dem Rückenteil (siehe Zeichnung B). Öffnen Sie die Naht des Unterarmes eines Ärmels (siehe Zeichnung C). Schneiden Sie die Klappe in der gleichen Breite wie den Taschenköper, aber nur drei viertel so lang (siehe Zeichnung D).

Schritt 1

Um die Mitte zu finden, falten Sie den Taschenkörper von oben nach unten und markieren die beiden Seiten mit einer Stecknadel. Falten Sie die Seitenteile hälftig und markieren Sie die Mitten mit Stecknadeln. Stecken Sie die Seitenteile rechts auf rechts auf den Taschenkörper, so dass die kleinen Taschen zu sehen sind. Nähen Sie die Teile mit der Maschine zusammen. Lassen Sie 2,5 cm an Anfang und Ende der Naht offen.

Schritt 2

Falten Sie die Oberkante der Naht am Anfang und Ende der Naht nach innen und nähen Sie sie an.

Schritt 3

Falten Sie die kurzen Seiten der Klappe und eine lange Seite 2,5 cm zur Innenseite und nähen Sie sie fest. Legen Sie die offene Seite der Klappe auf eine Kante des Taschenkörpers und nähen Sie sie fest.

Schritt 4

Schlagen Sie die Seiten des Henkels nach innen, nähen Sie sie von Hand fest und nähen Sie danach die Enden zusammen.

Schritt 5

Kleben Sie die Bommeln auf die Kante der Taschenklappe, die obere Naht des Henkels und auf die Mitte einer jeden Tasche.

Schritt 6

Schneiden Sie zwei Blumenmotive aus Filzresten aus (siehe Schnittmuster Seite 147). Kleben Sie sie zusammen mit einer Bommel und einem Knopf in der Mitte aufeinander (siehe Foto). Kleben Sie eine Anstecknadel auf die Rückseite und stecken Sie die Blume auf die Tasche.

Pinkfarbene Handtasche

Diese ultramoderne Tasche ist aus einem einfarbigen und einem gestreiften Pullover genäht. Ihre Besonderheiten sind ein kleines Täschchen, sowie gestreifte Träger, die mit zwei modischen Ringen an der Tasche befestigt sind. Die Tasche hat einen Reißverschluss und ist zudem mit einem breiten Stoffstreifen mit Schnalle verziert.

Tipp

Es ist nicht nötig, die weiche Seite des Klettverschlusses anzubringen. Der Pulloverstoff genügt.

Beginn der Arbeit

Vergrößern Sie die Schnittmusterteile um 200%. Stecken Sie die Schnittmusterteile gemäß Anleitung auf die gefilzten Pullover.

Einfarbiger Pullover

Schneiden Sie ein Vorder-/Rückenteil zu. Falls der Pullover eine Tasche hat, schneiden Sie ein Teil so aus, dass die Tasche mit einbe-

zogen ist. Falls nicht, schneiden Sie ein Viereck von 5,1 x 5,1 cm zu.

Gestreifter Pullover

Schneiden Sie einen Boden und einen Henkel so zu, dass die Enden der Schnittmuster an der Bruchkante des Stoffes liegen, mit den Streifen in waagrechter Richtung. Falls der Pullover nicht groß genug ist, um den Stoff in einem Stück zuzuschneiden, geben Sie 1,3 cm zu dem Schnitt an der Bruchkante zu. Schneiden Sie ein zweites Stück zu und nähen Sie die Teile zusammen. Schneiden Sie den Schnallenriemen zu, ebenfalls quergestreift.

Schritt 1

Stecken Sie die oberen Enden der Seitenteile an den Stoffstreifen des Reißverschlusses. Setzen Sie den Reißverschlussfuß ein und nähen Sie den Reißverschluss ein. Falls keine Tasche an dem Pullover angebracht war, nähen Sie eine an.

Schritt 2

Öffnen Sie den Reißverschluss. Stecken Sie den Taschenboden rechts auf rechts an jede Seite des Vorder-/Rückenteils. Die schmalen Enden des Bodens gehen über die obere Kante hinaus. Nähen Sie mit 1,3 cm Nahtzugabe. Achten Sie darauf, den Stoff nicht zu dehnen.

Schritt 3

Wenden Sie die Tasche von innen nach außen. Klappen Sie die Enden des Bodens um die Ringe und nähen Sie sie von Hand an.

Schritt 4

Befestigen Sie die Henkel ebenso an den Ringen.

Schritt 5

Nähen Sie das gerade Ende des Riemens in die Mitte des Taschenrückens. Spießen Sie den Dorn der Schnalle durch das andere Ende. Nähen oder kleben Sie die raue Seite des Klettverschlusses auf die Rückseite des Riemens.

Tipp

Nähen Sie immer von
der Mitte eines Teils zu
den schmalen Enden
hin. So vermeiden Sie,
dass sich der Strick-
stoff verzieht.

Cheerleader-Handtasche

Die gefilzte Wolle ist fest genug, um das Gewicht Ihrer täglich notwendigen Dinge zu tragen und dehnbar genug, um noch einige Extras aufzunehmen. Wenn Sie zwei Pullover wählen, deren Farben etwas ähnlicher sind, schaffen Sie einen dezenten Look.

Beginn der Arbeit

Schneiden Sie die folgenden Teile aus gefilztem Strickstoff zu:

- 2 Teile in Türkis, 25,4 x 21,6 cm
- 1 Teil in Türkis, 10,2 x 40,6 cm
- 1 Teil in Gelb, 22,9 x 14 cm
- 1 Teil in Gelb, 3,8 x 40,6 cm

Schritt 1

Schneiden Sie das größere, gelbe Element (22,9 cm x 14 cm) in Dreiecke, wie in der Zeichnung gezeigt.

Schritt 2

Zeichnen Sie mit Lineal und

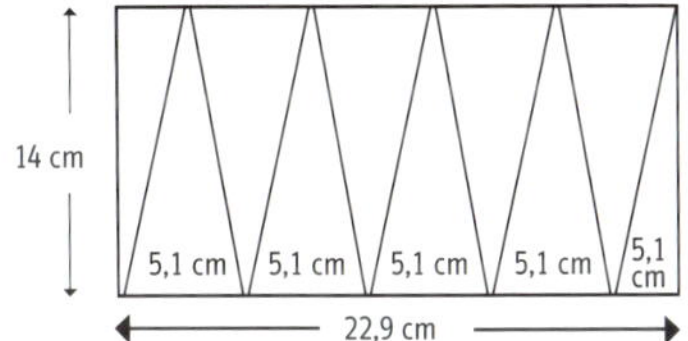

Kreidestift Schnittlinien, die von der nicht gerippten Kante der beiden größeren, türkisfarbenen Teile ausgehen. Die Linien sollen einen Abstand von 5,1 cm und 14 cm lang sein (siehe Zeichnung). Schneiden Sie entlang den Markierungen.

Schritt 3

Ziehen Sie die türkisfarbenen Teile an den Schnittlinien auseinander

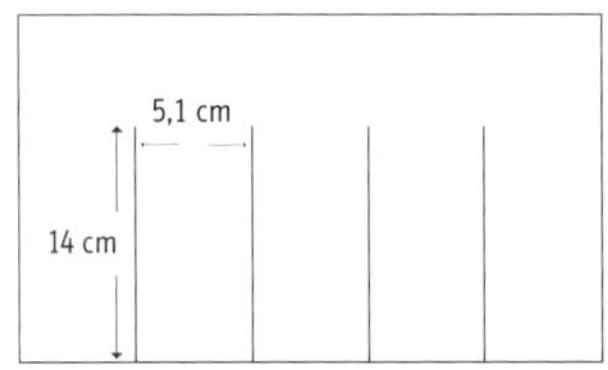

und stecken Sie ein gelbes Dreieck links auf links in jede Öffnung. Nähen Sie alle gelben Einsätze mit einer 3 mm Nahtzugabe ein. Verriegeln Sie mit Rückstich beide Enden der Naht. Bügeln Sie mit dem Dampfbügeleisen auf Einstellung Wolltemperatur.

Schritt 4

Stecken Sie die neu entstandenen Teile entlang den Seiten und am Boden rechts auf rechts aufeinander. Nähen Sie mit der Maschine mit 6 mm Nahtzugabe. Wenden Sie die Tasche.

Schritt 5

Für den Träger stecken Sie die lange Kante des verbliebenen gelben Teils an die lange Kante des verbliebenen türkisen Teils. Nähen Sie mit einer 6 mm Naht-zugabe. Wiederholen Sie dieses mit den gegenüberliegenden Kanten, um einen Schlauch zu bilden. Nicht wenden, da die Säume ein dekoratives Element sind. Bügeln Sie den Schlauch. Das gelbe Teil liegt in der Mitte des Trägers. Stecken Sie im Abstand von jeweils 10,2 cm eine Stecknadel. Falten Sie die Nahtzugabe zueinander hin, sodass sie sich an jeder Markierung treffen. Stecken Sie sie dort zusammen. Nähen Sie mit der Hand oder der Maschine an den Markierungen mit Rückstich mehrmals vor und zurück. So ergibt sich ein welliger 3-D-Effekt am Griff.

Schritt 6

Stecken Sie den Träger auf der Innenseite an den Seitennähten 2,5 cm von der oberen Kante ent-fernt fest. Nähen Sie mit der Maschine die beiden Enden fest. Nähen Sie eine zweite Naht, um mehr Stabilität zu erzielen.

Schritt 7

Nähen Sie den Knopf von Hand an, und zwar 3,8 cm von der oberen Kante entfernt. Hinterlegen Sie dem Knopf ein kleines Stückchen Filz auf der Innenseite.

Schritt 8

Fertigen Sie eine Knopfschlaufe aus einer 20,3 cm langen Zickzacklitze. Um eine Spitze zu bilden, falten Sie die Borte zur Hälfte. Stecken Sie die Spitze fest und nähen Sie sie mit der Hand mit Rückstich an. Nähen Sie die Zickzacklitzenenden im Abstand von 1,9 cm und 5,1 cm von der Spitze entfernt zusammen, um das Knopfloch zu bilden. Stecken Sie das entgegengesetzte Ende der Zickzacklitze auf der Innenseite auf Knopfhöhe 2,5 cm von der oberen Kante entfernt fest und nähen Sie es an.

Materialien
- gefilzter Pullover mit gerippten Bund
- passender Nähfaden

Werkzeuge
- Grundausstattung (Seite 15)
- Schnittmuster (Seite 148)

Lustige Fäustlinge und Strümpfe

Weihnachtsgeschenke sind etwas ganz Besonderes, wenn sie selbstgemacht sind. Verwöhnen Sie Ihre Freunde mit warmen und gemütlichen Fäustlingen, die Sie aus einem Jacquardpullover nähen, und schmücken Sie ihre Flure mit farbigen Strümpfen. Sie werden erstaunt sein, dass Sie es geschafft haben, einen Pullover in ein so schönes Festtagsaccessoire zu verwandeln.

Beginn der Arbeit für die Fäustlinge

Zeichnen Sie die Kontur Ihrer Hand, vergrößern Sie sie rundherum um 1,3 cm oder vergrößern Sie den Schnitt auf Seite 148 so, dass er passt. Legen Sie das Handgelenksbündchen des Schnittes an das Ärmelbündchen oder das Bündchen von Vorder- bzw. Rückenteil. Stecken Sie das Schnittmuster auf zwei Lagen des Pullovers auf. Die Pulloverlagen liegen dabei links auf links. Das Muster des Pullovers sollte auf beiden Lagen in gleicher Höhe sein. Schneiden Sie die ersten Fäustlingteile zu.

Wiederholen Sie dies für den zweiten Handschuh.

Anleitung Fäustling
Schritt 1

Stecken Sie die beiden Lagen rechts auf rechts aufeinander. Nähen Sie sie mit der Maschine nahe der Kante zusammen. Verriegeln Sie mit Rückstich den Anfang und das Ende der Naht. Nachdem Sie die Naht fertig genäht haben, schneiden Sie die Nahtzugabe an der Daumenspitze bis zur Naht ein. Wenden Sie den Handschuh. Falls das gerippte Stück breit genug ist, schlagen Sie es einmal um.

Beginn der Arbeit für die passenden Strümpfe

Vergrößern Sie die Strumpfschnitte um 400% auf dem Fotokopierer. Legen Sie das obere Ende des Strumpfschnittes an die gerippte Kante des Pullovers. Schneiden Sie den Strumpf aus zwei Pulloverlagen aus. Oder Sie schneiden eine einzelne Lage zu und drehen das Schnittmusterteil herum, bevor Sie die zweite Lage zuschneiden.

Anleitung Strümpfe
Schritt 1

Stecken Sie die Strumpfteile rechts auf rechts zusammen. Markieren Sie die Faltlinie für das Bündchen.

Nähen Sie mit der Maschine um die Kante des Strumpfes. Beginnen und enden Sie an der Markierung der Faltlinie. Verriegeln Sie mit Rückstich beide Enden der Naht.

Schritt 2

Den Strumpf wenden und die Bündchen beidseitig zusammennähen, wie auf dem Schnitt eingezeichnet. Umschlagen.

Schritt 3

Schneiden Sie einen 3,8 x 11,4 cm großen Streifen zu. Nähen Sie die Längsseiten zu einem Schlauch zusammen. Nähen Sie den Schlauch als Aufhänger an den Strumpf.

Vorher

Fäustlinge „Blitz und Stern"

Diese Fäustlinge wurden aus den Ärmeln eines pinkfarbenen Wollpullovers gearbeitet, der aus einem Secondhand Laden stammt. Für die Motive wurden Reste eines weißen Wollpullovers verwendet. Beide Pullover waren nur leicht gefilzt, sodass die Fäustlinge biegsam genug sind, um Schneebälle zu formen.

Tipp

Nähen Sie ein Stück Kordel in der Länge Ihrer Arme von Handgelenk zu Handgelenk fest in jeden Handschuh ein. Ziehen Sie die Kordel durch die Ärmel Ihres Mantels und Sie werden niemals Ihre fabelhaften, neuen Handschuhe verlieren!

Beginn der Arbeit

Zeichnen Sie die Kontur Ihrer Hand, vergrößern Sie sie rundherum um 1,3 cm oder vergrößern Sie den Schnitt auf Seite 148 so, dass er passt. Legen Sie das Handgelenksbündchen des Schnittes an das Ärmelbündchen (falls der Ärmel zu klein ist, stecken Sie den Schnitt am Vorder- oder Rückenteil fest). Stecken Sie das Schnittmuster auf zwei Lagen des Pullovers auf. Die Pulloverlagen liegen dabei links auf links. Anschließend schneiden Sie zwei Sets zu. Schneiden Sie eine Stern- und eine Blitzapplikation (Seite 148) aus dem weißen Pullover zu. Sie können auch jede andere Applikationsform wählen, vergewissern Sie sich aber, dass sie auf die Handschuhe passt.

Schritt 1

Legen Sie beide Sets der Handschuhe so auf den Tisch, dass die Daumen zueinander zeigen, um sicherzugehen, dass Sie auf der richtigen Seite applizieren. Kleben Sie die Applikation oben auf jeden Handschuh. Nachdem der Klebstoff getrocknet ist, verzieren Sie die Applikation mit kleinen Stichen

Schritt 2

Dazu schneiden Sie einen Stickgarnfaden von ca. 45,7 cm Länge ab. Arbeiten Sie mit einem einfachen Faden und nähen Sie von Hand mit dem Applizierstich (Seite 22) oder einem anderen Stich Ihrer Wahl um die Applikationen herum.

Schritt 3

Wenn die Applikationen angebracht sind, drehen Sie die Handschuhteile herum, sodass sie rechts auf rechts liegen. Stecken Sie sie zusammen. Nähen Sie mit der Maschine nahe an der Kante entlang. Verriegeln Sie mit Rückstich beide Enden der Naht. Nachdem Sie die Naht fertig genäht haben, schneiden Sie die Nahtzugabe an der Daumenspitze bis zur Naht ein. Wenden Sie den Handschuh.

Tipp

Sie können vermeiden,
dass Fasern von der
Stoffunterseite auf der
Oberseite der Applika-
tion herausschauen,
wenn Sie von unten mit
Ihrer Nadel direkt
neben der Applikation
ausstechen und von
oben durch Applikation
und Stoff stechen.

Babyschühchen im Stil der Achtziger

Babyschühchen sind so niedlich, wer kann ihnen widerstehen? Jene, die sich noch an die ultracoolen weißen Stiefel der 1980er-Jahre erinnern, werden von diesen Retro-Schühchen begeistert sein. Sternenknöpfe und Fransen werden auch dem Baby gefallen. Für kleine Cowboys ist die andere Variante gedacht. Handgenähte Applikationen sorgen für den Western-Look.

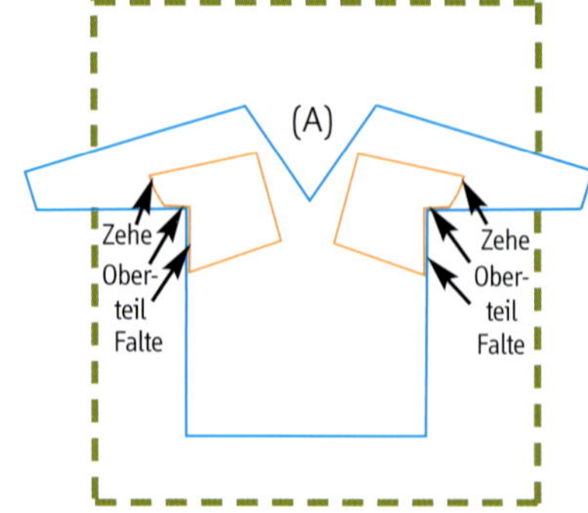

**Beginn der Arbeit
mit den weißen Schühchen**

Um die genaue Größe für die Oberseite und die zwei Sohlen zu ermitteln, stellen Sie einen Babyschuh, der gut passt auf die Schnittzeichnung der Sohle. Vergrößern Sie den Schnitt auf einem Fotokopierer, bis die Größe der Zeichnung mit dem Originalschuh übereinstimmt. Schneiden Sie um die äußeren Linien herum. Legen Sie den Pullover auf den Tisch; die Arme zeigen gerade nach außen.

Positionieren Sie das obere Schuhteil entlang der Armausschnittnaht und der Seitennaht. (siehe Zeichnung). Wiederholen Sie das Ganze für den zweiten Schuh an der anderen Armausschnitt -und Seitennaht. Zeichnen Sie den Schnitt mit Kreidestift auf den Pullover oder stecken Sie den Schnitt auf. Schneiden Sie die Teile aus. Schneiden Sie anschließend zwei Paar Sohlen aus dem restlichen Pullover aus.

Schritt 1

Orientieren Sie sich am Schnitt und nähen Sie die Vorderseite, indem Sie die Teile rechts auf rechts legen. Schneiden Sie überschüssige Nahtzugabe weg.

Schritt 2

Beginnen Sie an den Seiten und nähen Sie die Sohle überlappend an das Oberteil des Schühchens. (Fortsetzung auf Seite 46).

Wiederholen Sie das Ganze seitenverkehrt für den zweiten Schuh. Nähen Sie dort, wo sich die Teile überlappen, über alle drei Stofflagen.

Schritt 3

Wenden Sie die Schuhe von innen nach außen. Nähen Sie die drei Knöpfe im Abstand von 2,5 cm an. Schneiden Sie entsprechend waagrechte Schlitze als Knopflöcher in die äußere Klappe.

Schritt 4

Schneiden Sie in die äußere überlappende Klappe waagrecht mit kleinen Schnitten (6 x 25 mm) für die Fransen ein. Schneiden Sie jede Franse am Ende spitz zu.

Vorher

Steppschuhe für Babys

Beginn der Arbeit mit den rote Schühchen

Vergrößern Sie den Schnitt und die Applikationen und arbeiten Sie diese Schuhe genau so wie die weißen Schuhe, mit dem Unterschied, dass Sie die obere Kante im Bogen zuschneiden, wie im Schnitt angegeben. Schneiden Sie die vier Applikationen zu. Schneiden Sie vier Schlaufen von 1,3 x 5,1 cm zu.

Schritt 1

Folgen Sie der Anleitung für die weißen Schuhe, Schritte 1–4.

Schritt 2

Falten Sie die Schlaufen in der Mitte, umschließen Sie die Oberkante jeder Seite und nähen Sie die Schlaufen mit einem kleinen Knopf fest. Stecken Sie die Applikationen an die Außenseiten der Schuhe. Nähen Sie sie mit kleinen Heftstichen und einem einfachen Faden aus kontrastierendem Stickgarn fest.

Materialien

- Pullover mit kontrastierenden, gerippten Einfassungen
- passender Nähfaden
- kleine farblich passende Filzreste
- 2 große Bommeln und passendes Garn
- 1 kleiner Ansteckbommel

Werkzeuge

- Grundausstattung (Seite 15)
- Klebepistole und -stäbe
- Papierschnitt für Blumen (Seite 150)

Bommelmütze

Warm und chic zur gleichen Zeit! Diese Mütze mit ihren baumelnden Bommeln, die bei jeder Bewegung mitschwingen, wird ein Lächeln auf Ihr Gesicht zaubern. Fertigen Sie eine Blume, die farblich auf die Mütze abgestimmt ist.

Beginn der Arbeit

Um die Größe der Mütze zu ermitteln, messen Sie Ihren Kopfumfang und geben noch 2,5 cm Nahtzugabe zu. Um die Größe zu bestimmen, können Sie aber auch die untere Kante des Pullovers um Ihren Kopf legen. Pullover dehnen sich ganz verschieden; davon hängt ab wie eng die Mütze sitzen wird. Markieren Sie die gewünschte Weite an der unteren Kante des Pullovers (siehe Zeichnung A). Messen Sie von der unteren Kante an verschiedenen Stellen 38,1 cm nach oben und bringen Sie Markierungen an, um die Höhe der Mütze festzulegen. Schneiden Sie entlang den Markierungen in dieser Höhe (siehe Zeichnung A).

Schritt 1

Falten Sie das Rechteck zur Hälfte rechts auf rechts. Nähen Sie die Seiten zusammen.

Schritt 2

Zeichnen Sie mit Kreidestift einen Bogen von einer Seite zur anderen (siehe Zeichnung B). Benutzen Sie dazu einen Teller. Stecken Sie die oberen Lagen an diesem Bogen entlang links auf links aufeinander. Nähen Sie mit der Maschine. Verriegeln Sie mit Rückstichen beide Enden der Naht. Schneiden Sie überschüssigen Stoff ab und wenden Sie die Mütze.

Schritt 3

Schneiden Sie zwei Stücke Garn etwa 10,2 cm. Verknoten Sie das eine Ende und fädeln Sie das andere durch eine Nadel. Stechen Sie von der Innenseite durch die Spitze der Mütze. Wiederholen Sie den Vorgang an der anderen Spitze. Kleben Sie mit der Klebepistole an jedes Garnende einen Bommel.

Schritt 4

Schneiden Sie drei verschiedenfarbige Filzstücke nach dem Schnitt auf Seite 150 zu. Kleben Sie sie zusammen; das größte Stück liegt ganz unten und der Ansteckbommel zuoberst. Kleben Sie die unterste Lage an die Rückseite der Anstecknadel. Falten Sie den Bund der Mütze nach oben und stecken ihn mit der Anstecknadel fest.

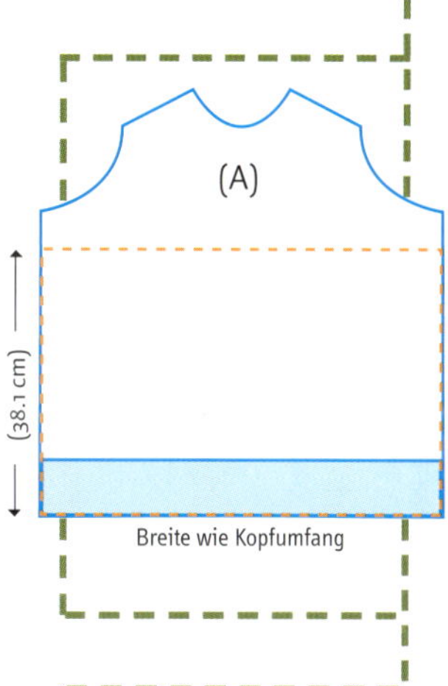

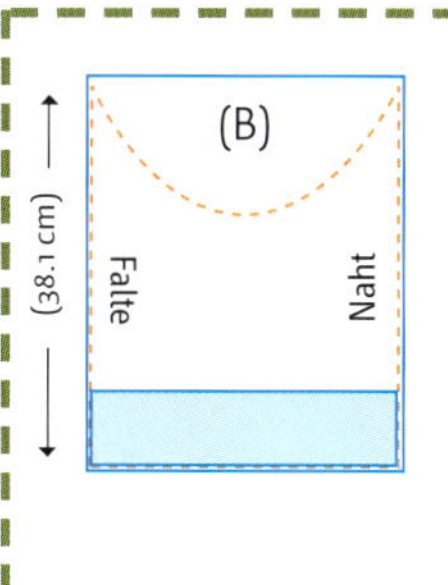

Vielfarbiger Schal

Rechtecke aus herrlich gemusterten und einfarbigen Pullovern werden zu verspielten Schals, die auch den kältesten und trostlosesten Tag erhellen. Und dabei lassen sich Filzreste und Überbleibsel von anderen Projekten wunderbar verwerten! Eine kleine Tasche, Handstrickereien, gehäkelte Kanten und ein Knopflochschlitz sind die Akzente, die die Schals auf dieser und der nächsten Seite so einzigartig machen.

Schritt 1

Legen Sie alle acht Pullover vor sich aus, um die schönste Zusammenstellung zu finden. Sollten einige Pulloverteile gerippt sein, eignen sie sich besonders für die Enden des Schals.

Schritt 2

Nähen Sie die Schalteile mit der Hand mit einem der Stiche von Seite 22–25 zusammen.

Schritt 3

Schneiden Sie (freihändig) einen kleinen Stern aus einem der Reste. Nähen Sie ihn in die Mitte eines Schalendes. Verwenden Sie einen sichtbaren Vorstich (Seite 24) und kontrastierendes Stickgarn.

Schritt 4

Schneiden Sie eine Tasche aus einem anderen Rest zu und nähen Sie sie mit sichtbaren Vorstichen

auf das andere Ende des Schals. Nähen Sie den Knopf in die Mitte, in der Nähe der oberen Taschenkante. Schneiden Sie ein Dreieck für die Taschenklappe aus dem übriggebliebenen Rest zu. Legen Sie sie über die Tasche und passen Sie sie an. Machen Sie einen senkrechten Schnitt in der Größe des Knopfes in die Taschenklappe. Zuletzt nähen Sie die Klappe an ihren Platz.

In der Tasche kann eine kleine Überraschung versteckt werden.

DESIGN VON MINDY RELYEA

DESIGN VON MALKA DUBRAWSKY

Materialien

- 20 gefilzte Pulloverquadrate,
  10,2 x 10,2 cm
- Baumwollstoff, 22,9 x 22,9 cm
- passender Nähfaden
- 1 Strang Multicolorstickgarn

Werkzeuge

- Grundausstattung (Seite 15)
- Sticknadel
- Häkelnadel (wahlweise)

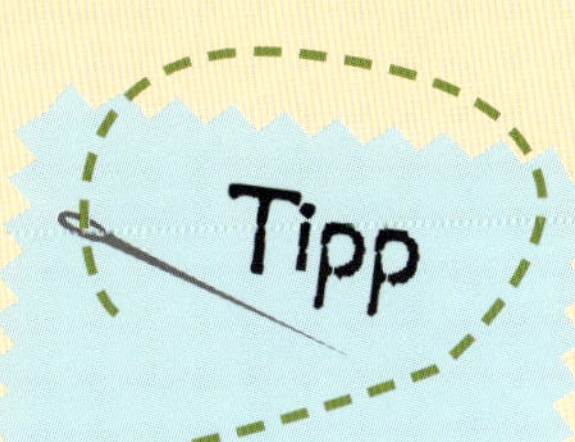

Knopfloch-Schal

Das Knopfloch in diesem Patchworkschal sorgt dafür, dass Sie den Schal nahe am Hals tragen können. Kuscheln Sie sich hinein, um die Winterkälte abzuhalten. Benutzen Sie ein mehrfarbiges Stickgarn, damit die Stiche zusätzlich wirken.

Schritt 1

Legen Sie die gefilzten Quadrate so aus, dass zwei in einer Reihe liegen. Finden Sie die Zusammenstellung, die Ihnen gefällt. Nähen Sie die Quadrate links auf links mit Schlingstichen (Seite 24) und Multicolorgarn zusammen.

Schritt 2

Schneiden Sie das Futter in der gleichen Größe wie die zusammengenähten Quadrate zu. Nähen Sie mit der Maschine das Futter und das Patchwork links auf links mit einer Nahtzugabe von 6 mm zusammen. Lassen Sie eine Öffnung von 20,3 cm zum Wenden.

Schritt 3

Wenden Sie den Schal von innen nach außen und nähen Sie die Öffnung mit Saumstichen (Seite 25) zu. Dekorieren Sie die Außenkante mit Schlingstichen.

Schritt 4

Nähen Sie von Hand oder mit der Maschine ein 10,2 cm großes, waagrechtes Knopfloch über die Mitte der zweiten Reihe der Patchworkquadrate. Schneiden Sie das Knopfloch vorsichtig auf. Falls Sie möchten, können Sie zusätzlich eine Bordüre aus Multicolorgarn an die beiden Schalenden anhäkeln.

Materialien

- großer, weißer Pullover mit senkrechten Noppen und Strukturmuster
- passender Nähfaden

Werkzeuge

- Grundausstattung (Seite 15)
- Polsterernadel (Seite 14)

Schneeweisser Schal

Noppen und Zöpfe gehören zu den schönsten gestrickten Strukturmustern. Sind solche Muster schon in alten, übergroßen Pullovern vorhanden, können Sie sie für ein neues, unkonventionelles Accessoires verwenden. Das Herstellen der Fransen ist genauso einfach wie das Säumen der Pulloverkanten, also warum nicht die Oberflächenstruktur mit luftigen Kanten ergänzen?

Variieren Sie die Länge der Fransen an den Kanten, indem Sie mit größerem oder geringerem Abstand von den Nahtlinien schneiden.

Beginn der Arbeit

Prüfen Sie, welche der Strickmusterreihen Sie für Ihren Schal benutzen möchten. Markieren Sie mit Stecknadeln oder Schneiderkreide eine Längslinie (Nählinie) auf jeder Seite des ausgewählten Noppenmusters. Markieren Sie weitere Längsstreifen neben den ersten Linien (Schnittlinien). Fügen Sie das Ärmelbündchen oder den gerippten Bund an den beiden Enden des Schals an. Markieren Sie genügend Streifen (mit dem gleichen Noppenmuster), um dem Schal die gewünschte Länge geben zu können.

Schritt 1

Nähen Sie eine gerade Linie mit kurzen Maschinenstichen entlang der Innenseite an den markierten Linien. Durch diese Nähte wird das Ausfransen gestoppt.

Schritt 2

Nach dem Nähen aller markierten Linien schneiden Sie die Streifen entlang den Schnittlinien zu.

Schritt 3

Nähen Sie eine Naht über die schmalen Enden. So können Sie den Fransenlook der Seitenkanten hier wieder aufgreifen.

Schritt 4

Legen Sie alle Streifen so hin, dass die zwei Enden des Schals von den gerippten Bündchen gebildet werden. Benutzen Sie entweder zurückgewonnenes Garn und eine Wollnadel oder Nähgarn und Nähnadel. Nähen Sie die einzelnen Streifen links auf links zusammen, sodass der Saum ein Teil des Designs wird. Reihen Sie (Seite 23) die Säume ein, um noch mehr Textur zu schaffen. Fransen Sie die waagrechten Nähte und die Seitenkanten aus. Kürzen Sie die Fransen wenn nötig.

Materialien

- gefilzte Pullover
- farblich aufeinander abgestimmte Perlen
- 2 farblich aufeinander abgestimmte Lederbänder
- dünner Draht
- 4–6 Spaltringe

Werkzeuge

- Schere oder Rollschneider und Schneideunterlage
- Drahtschneider
- spitze Zange
- abgerundete Zange

Halskette „Lakritzschnecken"

Diese witzigen, kleinen Schnecken sind aus schmalen, farblich kontrastierenden Pulloverstreifen gewickelt. Durch die Mitte der Schnecken und durch verschiedene Perlen wird ein Draht gefädelt. Farbige Lederbänder und eine große Glasperle vervollständigen das Design.

Beginn der Arbeit

Schneiden Sie lange 1,3 cm breite Streifen aus Teilen der gefilzten Pullover zu. Für Schnecken mit einem Durchmesser von etwa 2,5 cm benötigen Sie 10,2 bis 12,7 cm lange Streifen. Für größere Schnecken von etwa 5,1 cm Durchmesser müssen die Streifen etwa 27,9 bis 35,6 cm lang sein.

Schritt 1

Legen Sie zwei kontrastiernde Streifen aufeinander und wickeln Sie eine Schnecke. Wickeln Sie so lange bis die Schnecke die gewünschte Größe hat. Der äußere Streifen sollte 1 cm länger sein. Halten Sie die Schnecke mit einer Stecknadel zusammen. Wiederholen Sie das Ganze bis Sie so viele Schnecken haben, wie Sie wünschen.

Schritt 2

Zu Ihrer Inspiration schauen Sie sich das Foto an oder gestalten Sie ein Design Ihrer Wahl. Beginnen Sie mit einem langen Stück Draht. Schneiden Sie ein Ende spitz zu, damit Sie durch die Pulloverschnecken hindurchstechen können. Formen Sie am anderen Ende eine Schlinge. Stechen Sie mit dem spitzen Ende des Drahtes durch die Schnecke hindurch und entfernen Sie die Stecknadel.

Fädeln Sie abwechselnd Schnecken und Perlen auf den Draht. Wenn Sie fertig sind, schneiden Sie den Draht nach 1,3 cm ab und formen eine Schlinge.

Schritt 3

Vervollständigen Sie die Kette indem Sie nach Belieben Spaltringe, Perlen und weitere Schnecken anfügen. Beenden Sie Ihr Werk, indem Sie die zwei Lederbänder an den gegenüberliegenden Spaltringen anknoten. Für ein besonders schönes Aussehen können Sie auch noch eine Perle auf die Lederbänder auffädeln.

Materialien

• unterschiedlich dicke gefilzte Pullover
• farblich aufeinander abgestimmte Perlen
• dünner Draht
• Spaltringe
• Kette
• Verschluss

Werkzeuge

• siehe Werkzeuge
  für die Halskette „Lakritzschnecken"
  (Seite 56)

Halskette „Grün vor Neid"

Für diese Halskette werden Pulloverschnecken und verschiedenartige Perlen willkürlich gemischt. Als Anhänger dient eine sehr große Schnecke, die von klobigen und feinen Glasperlen umrahmt wird. Wir haben zwei verschieden dicke Pullover verwendet. Der hellgrüne war etwas dicker als der dunkelgrüne. Es gibt unendlich viele Möglichkeiten!

Beginn der Arbeit

Folgen Sie der Anleitung „Beginn der Arbeit" auf Seite 57.

Schritt 1

Folgen Sie der Anleitung Schritt 1 auf Seite 57, um die Pulloverschnecken herzustellen.

Schritt 2

Stechen Sie ein Stück Draht durch die Mitte jeder Schnecke und formen Sie an jedem Ende mit der Zange eine Schlinge.

Schritt 3

Stellen Sie die Halskette zusammen, indem Sie die Pulloverschnecken, Perlen und Kettenglieder aneinanderfügen. Hängen Sie in der Mitte einen Anhänger an, bestehend aus einem Stück Perlenkette, einer großen Schnecke und verschiedenen Perlen. Fügen Sie an jedes Ende ein Stück Kette an. An einem dieser Kettenstücke sollte der Verschluss angebracht werden. Vergessen Sie nicht, das Design machen Sie!

 Ich war ein Pulli

Materialien

- Reste von gefilzten Pullovern
- 10–12 Perlen, Ø 2,5 cm
- Schmuckdraht, ca. 70 cm lang
- 2 Quetschperlen
- 1 oder 2 Ringe
- 1 oder 2 Spaltringe
- Kette, ca. 13–26 cm lang
- s-förmiger Haken als Verschluss
- Stick- oder Nähgarn
- Plastikschablone oder starke Pappe
- runde Schablone in Größe der gewünschten Filzkreise

Werkzeuge

- Sticknadel
- Schere
- spitze Zange oder Falzzange
- Drahtschneider
- Permanentmarker
- Perlbrett (wahlweise)
- Nadel mit großem Öhr, durch das der Draht hindurchpasst

Beerenhalskette

Was für eine ungewöhnliche Art und Weise, einen Pullover zu tragen! Gestalten Sie eine supereinfache Halskette mit riesigen Perlen und Filzkreisen in all den herrlichen Farben, die in den gefilzten Pullovern zu finden sind. Schaffen Sie verschiedene Nuancen einer Farbe sowie eine Auswahl von dunklen und hellen Tönen, um Tiefe zu erzeugen und interessante Farbspiele zu schaffen. Experimentieren Sie mit verschieden großen Perlen und Kreisen. Suchen Sie nach Vintage-, Holz- oder sogar nach Fimoperlen. Schneiden Sie Ihre Filzkreise aus einem gefilzten Pullover, der ein wunderschönes Farbmuster hat, oder aus vielen Pulloverresten. Die folgenden Anleitungen sind für die hier gezeigte Halskette. Ändern Sie die Zahl, Größe und Farbe der Perlen und Filzkreise und kreieren Sie Ihr eigenes Design!

Beginn der Arbeit

Suchen Sie einen runden Gegenstand wie eine Münze, einen Deckel oder eine Kerze. Übertragen Sie die Kontur auf ein Stück Plastik oder einen festen Karton. Schneiden Sie diese Schablone aus. Wenn Ihre Schablone durchsichtig ist, ist es einfacher, sie genau an der Stelle zu platzieren, an der Sie schneiden möchten, speziell bei einem gemusterten Pullover. Schneiden Sie 55 oder mehr Filzkreise in verschiedenen Farben aus. Begradigen Sie kleine Unebenheiten an den Kanten.

Schritt 1

Stellen Sie die Halskette zusammen, indem Sie die Perlen auf dem Perlbrett oder einem einfarbigen Tuch auslegen. Zwischen die Perlen legen Sie Filzkreise aus fünf verschiedenen Farben.

Experimentieren Sie mit der Perlen-Filz-Kombination, indem Sie dunkle (und helle) Kreise und Perlen über die ganze Halskette verteilen. Der Filz wird sich im Laufe der Zeit ein wenig zusammenpressen, machen Sie daher die Kette etwas länger. Enden Sie beidseitig mit einer Perle.

Schritt 6

Entscheiden Sie, wie viele Kettenglieder Sie benötigen, um Ihrer
Halskette die gewünschte Länge zu
geben. Normalerweise genügen
7,5–10 cm. Schneiden Sie die Kette
mit der Drahtzange ab.

Schritt 7

Stellen Sie ein letztes „Filz-
Sandwich" zusammen. Fädeln Sie
Stickgarn oder Nähfaden durch das
Öhr der Sticknadel. Stechen Sie
durch die Mitte des Sandwiches,
lassen Sie einen 7,5 cm langen Faden hängen. Befestigen Sie einen
Spaltring mit Stick- oder Nähgarn
an beiden Seiten des „Sandwiches". Stechen Sie drei- oder
viermal durch „Sandwich" und
Ringe und sichern Sie dann den
Faden mit einem Knoten. Der Knoten darf zu sehen sein.

Schritt 2

Wenn Sie mit Ihrem Design zufrieden sind, wickeln Sie den Draht ab.
Geben Sie 22,9 cm zur gewünschten Länge hinzu. Lassen Sie den
Draht auf der Spule, damit die
Perlen nicht versehentlich herun-
terfallen. Fädeln Sie die erste Perle
auf den Draht.

Schritt 3

Fädeln Sie den Draht durch das
Öhr der Sticknadel. Halten Sie das
erste „Filzsandwich" (fünf
Filzkreise) in einer Hand und ste-
chen Sie die Nadel in der Mitte
hindurch zur anderen Seite.
Vergewissern Sie sich, dass die
Filzkreise mittig auf dem Draht sit-
zen. Danach fädeln Sie die zweite
Perle auf den Draht.

Entfernen Sie die Nadel, um die
Perle aufzufädeln, wenn das Loch
der Perle für die Nadel zu klein ist.
Falls nicht, arbeiten Sie mit der
Nadel weiter. Wiederholen Sie den
Vorgang, bis die gesamte Kette auf
den Draht gefädelt ist. Prüfen Sie
die Länge, indem Sie sich die Kette
um den Hals legen.

Schritt 4

Schneiden Sie mit der Drahtzange
zwei einzelne Glieder von der
Metallkette ab. Schieben Sie die
Perlen und Filzkreise von dem frei-
en Ende des Drahtes zur Mitte.
Fädeln Sie eine Quetschperle auf
den Draht. Fädeln Sie den Draht
durch das einzelne Glied der Kette
und zurück durch die Quetschperle.
Ziehen Sie die Quetschperle fest

gegen das Glied der Kette und
schließen Sie die Quetschperle mit
der Spitzzange oder Falzzange.
Schieben Sie das Ende des Drahtes
durch die erste Perle, um es zu verstecken, indem Sie die Perlen sanft
zur anderen Seite schieben.
Schneiden Sie den Draht kurz hinter der Perle ab. Bringen Sie den
s-förmigen Haken mit einem
Spaltring an der Metallkette an.

Schritt 5

Um das andere Ende fertigzustel-
len, schneiden Sie den Draht an
der Spule ab, geben Sie dabei
15,2 cm zum Weiterarbeiten zu.
Fädeln Sie den Draht durch die
2. Quetschperle, dann durch das
einzelne Glied der Metallkette und
zurück durch die Quetschperle.

Schritt 8

Befestigen Sie den „Sandwich-
Anhänger" mit einem Spaltring am
freien Ende der Metallkette. Um
die Halskette zu schließen, schieben Sie den s-förmigen Haken
durch ein Kettenglied der Metallkette. Die Länge lässt sich beliebig
variieren.

Stirnband „Twiggy"

DESIGN VON ANNE KUO LUKITO

Diese total modernen Stirnbänder haben Flair, sind witzig und frech. Das gestreifte wurde aus dem Rollkragen eines Pullovers hergestellt, der in Regenbogenfarben handbemalt und dann gefilzt wurde. Sie können das Stirnband mit einem einfachen Schlingstich oder einem individuellen Motiv verschönern, um etwas ganz Persönliches zu kreieren. Die weißen Stirnbänder (siehe Seite 131) sind genauso einfach herzustellen.

Beginn der Arbeit

Vergrößern Sie den Schnitt um 200% und schneiden Sie ihn aus.

Schritt 1

Damit der Pullover die Farbe besser aufnimmt, weichen Sie ihn vorher ein. Bereiten Sie die Farben vor und mischen Sie sie in einem säurebeständigen, flachen Topf. Geben Sie ½ Teelöffel Zitronensäure oder Essig hinzu, um ein Verlaufen der Farbe zu verhindern. Legen Sie den Stoff mit der Oberseite nach oben in reichlich heißes Wasser; er sollte komplett bedeckt sein. Malen Sie mit Spritzflasche, Pipette oder Pinsel Streifen auf den Stoff. Wenn die gewünschten Farben aufgetragen sind, spülen Sie den Pullover mehrfach aus, bis das Wasser klar ist. Weitere Informationen zum Thema Färben und Malen finden Sie in Büchern und online.

Schritt 2

Filzen Sie den gefärbten Stoff in der Waschmaschine (Seite 12). Nachdem er gefilzt ist, spannen Sie den Stoff (Seite 11) und lassen ihn trocknen.

Schritt 3

Falten Sie den Stoff zur Hälfte rechts auf rechts. Stecken Sie den Stirnbandschnitt an den Bruch an. Übertragen Sie den Schnitt auf den Stoff und schneiden Sie ihn zu.

Schritt 4

Schlagen Sie beide Satinbänder an einem Ende um 2,5 cm um. Nähen Sie von Hand oder mit der Maschine die untergeschlagenen Enden auf der linken Seite des Stirnbandes an die beiden schmalen Enden. Legen Sie das Stirnband um und verknoten Sie die Satinbänder, um es zu tragen.

Materialien

- langärmelige Jacke mit Schottenkaro
- passender Nähfaden
- passendes Garn
- Gummiband, 1,6 cm breit

Werkzeuge

- Werkzeug (Seite 15)
- Polsterernadel (Seite 14)

Vorher

Schottenrock

Obwohl viele meinen, dass Schottenpullover auf den Golfplatz gehören, kann ein Mädchen nichts falsch machen, wenn es sich im Minirock mit Schottenmuster auf der Straße zeigt. Dieser Minirock ist einfach zu nähen und es macht Spaß, ihn zu tragen. Benutzen Sie einen der Pulloverärmel als Untertritt für die vordere Mitte. Der untere Teil der Jacke wird der Rock!

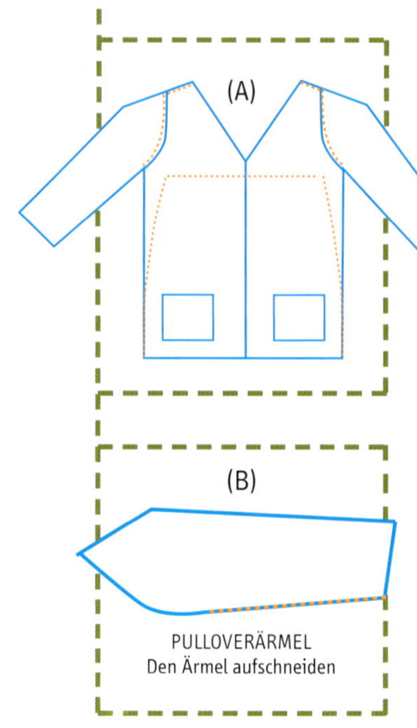

Beginn der Arbeit

Schauen Sie sich die Schnittzeichnung an und zeichnen Sie mit Lineal und Kreidestift die Linien des Rocks auf die Jacke (siehe Zeichnung A). Die untere Kante und eine Ärmelkante werden zum Saum des Rocks. Verwenden Sie soviel Stoff wie möglich Sie können den Rock später immer noch an der Taille kürzen. Falls Sie befürchten, dass sich der Pullover aufribbeln könnte, nähen Sie vor dem Schneiden mit der Maschine entlang der markierten Linien. Schneiden Sie die Ärmel nahe der Armausschnitte vom Pullover ab und schneiden Sie die Schulternähte auf.

Stecken Sie die Jacke an der Knopfleiste zu. Schneiden Sie alle Knöpfe, die im Weg sind, ab. Sie können sie immer wieder annähen, wenn der Rock fertig ist. Stecken Sie die Vorder- und Rückseite der Jacke zusammen. Schneiden Sie durch beide Lagen entlang den Markierungen. Die Jacke wird immer noch leicht an den beiden unteren Seitennähten zusammenhängen (siehe Zeichnung A).

Schritt 1

Schneiden Sie einen Ärmel an der Unterarmnaht auf (siehe Zeichnung B).

Schritt 2

Positionieren Sie den offenen Ärmel so, dass er einen dreieckigen Untertritt an der mittleren Öffnung bildet. Begradigen Sie die unteren Kanten. Stecken Sie die Seitennähte so, dass sie eine A-Form bilden. Probieren Sie den Rock an. Passen Sie die Seitennähte an und kürzen Sie den Rock, indem Sie ihn in der Taille auf die gewünschte Länge schneiden.

Schritt 3

Wenn der Rock gut sitzt, nähen Sie mit Steppstichen den Untertritt an. Nähen Sie die Seitennähte; die Rockteile liegen rechts auf rechts. Nähen Sie mit einem mittleren Zickzackstich an der Taillenkante entlang, um ein Auftrennen zu verhindern.

Schritt 4

Arbeiten Sie einen Tunnel für das
Gummiband, indem Sie eine deko-
rative Kante mit Garn und sehr
kleinen Überwendlingstichen ferti-
gen. Schneiden Sie ein Stück
Gummiband auf die Größe Ihrer
Taille zu. Stecken Sie eine Sicher-
heitsnadel an das eine Ende des
Gummibandes und ziehen Sie das
Band durch den Tunnel. Stecken
Sie die Enden zusammen und pro-
bieren Sie den Rock an.

Schritt 5

Ziehen Sie an den Enden des
Gummibandes und nähen Sie sie
zusammen.

Florales Trägerkleid und superschmaler Gürtel

Sie werden dieses modische und bequeme Trägerkleid sicher lieben. Ein einfacher Pullunder wird zum Oberteil, während der gemusterte zum Rock wird. Nähen Sie einen Stoffgürtel aus einem dritten Pullover oder einem Rest. Ein glamouröser Knopf gibt dem Ganzen ein anspruchsvolles Aussehen.

Beginn der Arbeit

Entscheiden Sie, wie lange Ihr Trägerkleid werden soll und in welcher Länge Sie das Oberteil möchten. Es hilft ein Lieblingskleid oder einen Trägerrock abzumessen. Oder probieren Sie den Pullunder an und stecken Sie den anderen Pullover daran. Markieren Sie den gewünschten Oberteil-Rocksaum mit Stecknadeln und messen Sie dann ab. Nachdem Sie über Länge und Proportionen des Trägerkleides entschieden haben, markieren Sie den Pullunder in der gewünschten Länge zuzüglich 1,3 cm Nahtzugabe. Schneiden Sie entlang der Markierung. Heben Sie den unteren Teil des Pullunders für den Gürtel oder andere Projekte auf. Um den Pullover für den unteren Teil des Trägerkleids zuzuschneiden, richten Sie sich nach Zeichnung A. Schneiden Sie das Vorder- und das Rückenteil des Pullovers in große trapezförmige Teile in der gewünschten Länge des Rockes zu, zuzüglich 1,3 cm Nahtzugabe. Der Saum des Pullovers wird der Saum des Trägerkleides. Passen Sie die Schnittlinien so an, dass das obere Ende von beiden trapezförmigen Teilen der unteren Kante des Pullunders entspricht. Schneiden Sie beide Ärmel an der unteren Naht auf. Schneiden Sie Dreiecke von jedem Ärmel zu, sodass sie die gleiche Länge haben wie die trapezförmigen Teile und die Ärmelbündchen ein Teil des Rocksaumes werden (siehe Zeichnung B).

Schritt 1

Stecken Sie die Ärmelteile an jede Seite des Vorderteiles, rechts auf rechts aufeinander. Den Originalsaum und die Ärmelbündchen stecken Sie an der unteren Kante zusammen (siehe Zeichnung B). Nähen Sie mit der Maschine. Beginnen Sie an der unteren Saum-

Tipp

Falls die Säume sich
beim Nähen dehnen,
verwenden Sie wasser-
lösliches Stickvlies.

kante, sodass die untere Kante glatt ist. Nähen Sie mit Rückstich am Anfang und Ende der Naht. Wiederholen Sie das Ganze, indem Sie die jeweils zweiten Ärmelkanten an das Rückenteil nähen, um ein durchgehendes Rockstück zu erhalten.

Schritt 2

Markieren Sie mit Stecknadeln die Mitte des Vorder- und Rückenteils von Top und Rock. Stecken Sie das Top an den Pulloverrock und stimmen Sie dabei die Markierungen der Mitte aufeinander ab. Lockern Sie den Stoff, sodass die beiden Teile zusammenpassen. Ziehen und dehnen Sie ihn, wenn notwendig, um eventuelle Differenzen des Umfangs auszugleichen. Stecken Sie den Saum in regelmäßigen Abständen fest.

Schritt 3

Nähen Sie mit Zickzackstichen das Top an das Unterteil an. Es ist wichtig, diesen Saum flexibel zu halten. Bügeln Sie alle Nähte leicht.

Schritt 4

Schneiden Sie einen 5,1 cm breiten Streifen aus einem gefilzten Pullover, in der Länge Ihrer Taille – oder wo immer Sie den Gürtel tragen wollen – zuzüglich 5,1 cm.

Sie benötigen eventuell mehrere Streifen, um die korrekte Gürtellänge zu bekommen, in diesem Fall nähen Sie die Streifen in 45°-Winkeln zusammen, um dicke Stellen zu verhindern. Für einen 2,5 cm breiten Gürtel bügeln Sie jede Schnittkante 1,3 cm zur Innenseite. Schieben Sie Bügelvlies in den Gürtel und verbinden Sie die Lagen. Nähen Sie die Kanten mit Saumstich zusammen.

Schritt 5

Probieren Sie den Gürtel an, um die passende Länge herauszufinden. Schneiden Sie die Gürtelenden nach (und nähen Sie mit Überwendlingstichen die Schnittkanten), sodass sie 2,5 cm überlappen. Nähen Sie einen Druckknopf an das Gürtelende. Schneiden Sie von einem Knopf die Knopföse ab und kleben Sie ihn auf die Oberseite am Gürtelende.

Schritt 6

Nähen Sie Fadenschlaufen mit farblich passendem Stickgarn oder doppeltem Nähgarn, etwas größer als die Breite des Gürtels, an die Seitennähte des Kleides.

Materialien

- Raglankapuzenpullover mit genähten (nicht gekettelten) Nähten
- wiedergewonnenes Garn oder passender Nähfaden

Werkzeuge

- Grundausstattung (Seite 15)
- Polsterernadel (Seite 14)

Grüner Kapuzenpulli

Wenn Sie keinen dicken, massigen Pullover brauchen oder möchten, Sie aber keine kühlen Arme mögen, dann ist dieses kleine Bolero die perfekte Lösung. Warm an den Armen, ohne dabei zu voluminös zu sein! Ein wundervolles Design für einen Pullover, der vielleicht ein bisschen Pech mit Flecken oder sich öffnenden Säumen hatte.

Tipp

Damit die Kapuze sich nicht rollt und der Saum nicht sichtbar wird, nähen Sie mit der Hand und einigen Rückstichen vom Rücken durch den Ärmel und die gefaltete Kante der Kapuze, um die Kapuzenkante flach zu halten. (Arbeiten Sie die Stiche auf der Innenseite des Gestrickes, sodass sie auf der Oberseite nicht zu sehen sind).

Beginn der Arbeit

Nehmen Sie den Pullover an den Kapuzen- und Ärmelnähten auseinander. Sie benötigen nur die Kapuze und die Ärmel.

Schritt 1

Für eine hintere Mittelnaht stecken Sie mit Stecknadeln die obere Kante beider Ärmel (vorher Halsausschnitt-Naht) rechts auf rechts zusammen. Stecken Sie die Kapuze an die beiden zusammengesteckten Ärmel. Richten Sie die hintere Mittelnaht der Kapuze nach der neuen hinteren Mittelnaht der Ärmel aus. Probieren Sie das neue Kleidungsstück an, um zu sehen, wie es Ihnen passt.

Möchten Sie Änderungen vornehmen, dehnen oder halten Sie die Nähte ein. Wenn alles gut sitzt, ziehen Sie das Kleidungsstück wieder aus. Richten Sie die Nähte noch einmal, sodass die Seiten gleich lang sind.

Schritt 2

Nähen Sie mit der Hand die hintere Mittelnaht, rechts auf rechts, aufeinander. Dann die Ärmelteile. Rollen Sie die Enden der Kapuze und lassen Sie sie zur Innenseite der Ärmel spitz zulaufen.

Variation: Cooler Zopfkapuzenpulli

Der weiße Kapuzenpulli ist nur ein kleines bisschen anders als der grüne.

In diesem Fall waren die Ärmel kürzer, deshalb wurden sie an die Enden der Kapuze genäht. (Sie treffen nicht im Rücken zusammen, um eine Rückennaht zu bilden).

Heisser Rollkragen-Bolero

Was tun, wenn Sie Hals und Arme warm halten wollen? Verwandeln Sie einen Rollkragenpullover mit Raglanärmeln in ein sportliches Bolero-Jäckchen. Dieser Bolero lässt Sie ein flippiges T-Shirt zeigen, hält Sie gleichzeitig aber gemütlich warm.

Beginn der Arbeit

Nehmen Sie den Pullover am Hals und an den Raglannähten auseinander. Sie brauchen weder das Vorder- noch das Rückenteil (heben Sie sie für ein anderes Projekt auf). Mit Rollkragen und Ärmeln nähen Sie.

Schritt 1

Ziehen Sie Rollkragen und Ärmel an. Stecken Sie sie mit Stecknadeln so zusammen, dass der Bolero gut sitzt.

Ziehen Sie den Bolero aus, richten Sie die Stecknadeln noch einmal, sodass die Seiten gleich lang sind.

Schritt 2

Schieben Sie die Ärmel unter den Rollkragen, nähen Sie von Hand entlang der Unterseite für eine glatte, flache Naht. Falls Sie zu viel Ärmelstoff am Kragen haben, schneiden Sie ihn ab. Eine zweite Naht macht das Ganze haltbarer.

Manchmal hat der Rollkragen keine Naht, da er direkt an den Körper des Pullovers angestrickt ist. Schneiden Sie in diesem Fall die letzte Reihe Maschen des Körpers auf, um so intakte Kragenmaschen zu erhalten.

DESIGN VON MINDY RELYEA

Materialien

- 5 wollene oder Wollgemischpullover in verschiedenen Farben und Mustern
- passender Nähfaden
- 2 verschiedene Bordüren für die Vorderteile
- extragroße Bommeln oder andere modische Bordüre für den Halsausschnitt
- Filzreste, 12,7 x 7,6 cm
- Pulloverreste für Applikationen
- Stickgarn in kontrastierenden Farben
- Knopf mit Öse, Ø 1,6 cm

Werkzeuge

- Grundausstattung (Seite 15)
- Schnittmuster (Seite 156)
- Sticknadel
- Overlockmaschine
- Bügeleisen, Bügelbrett, Bügeltuch

Bommeljacke

Es ist sehr einfach, Secondhand-Pullover aus Wolle oder Wollgemischen in lustige kleine Kinderjacken umzuwandeln. Die Möglichkeiten sind wirklich endlos, es liegt ganz bei Ihnen und den Pullovern, die sie aussuchen. Breite Streifen, Punkte und farbenfrohe einfarbige, in kontrastierenden Farben sehen wundervoll zusammen aus. Jacken sind perfekt für das ganze Jahr und sie passen zu allem, von Röcken bis zur Jeans.

Beginn der Arbeit

Vergrößern Sie die Schnittmuster für Jackenvorderteile und -rückenteil, Jackenärmel und Applikationen wie gewünscht. Es hilft beim Vergrößern, das Vorderteil auf einen schon vorhandenen Pullover zu legen, um die gleiche Größe zu erhalten. Stecken Sie die Rückenteil-, Vorderteil- und Ärmelschnitte auf die verschiedenen Pullover auf. Schneiden Sie ein Rückenteil entlang der Bruchkante des Pullovers. Schneiden Sie spiegelverkehrt von zwei verschiedenen Pullovern zwei Vorderteile aus. Schneiden Sie zwei Ärmel, indem Sie das Ärmelbündchen des Schnittes an das Ärmelbündchen des Pullovers und das obere Ende des Schnittes an die Bruchkante anlegen. Nähen Sie alle Pulloverteile, rechts auf rechts aufeinander, zusammen. Achten Sie darauf, die Teile nicht zu dehnen. Ein Maschinen-Stretch-Stich oder ein Zickzackstich reduziert das Dehnen. Verriegeln Sie mit Rückstich beide Enden der Naht und bügeln Sie sie mit dem Dampfbügeleisen flach. Falls Sie eine Overlockmaschine besitzen, nähen Sie damit die Nähte und versäubern Sie sie zur gleichen Zeit. Sie können die Nähte auch mit dem Zickzackstich der Nähmaschine versäubern.

Schritt 1

Beginnen Sie damit, das Rückenteil und die beiden Vorderteile an den Schultern zusammenzunähen. Danach nähen Sie die Ärmel in die Armausschnitte. Nähen Sie in einer Linie die Unterarm- und Seitennähte, sodass die Armausschnitte integriert sind. Versäubern Sie die Nähte mit einer Overlockmaschine oder nähen Sie mit Zickzackstichen die Nahtzugabe zusammen.

Schritt 2

Versäubern Sie die Öffnung der vorderen Mitte und des Halsausschnittes mit einer Overlockmaschine oder einem Zickzackstich

der Nähmaschine. Achten Sie
darauf, den Pullover nicht zu verziehen während des Versäuberns.

Schritt 3

Legen Sie sich Bordüre, Applikationen und Stickgarn zurecht und
suchen Sie aus, was Sie benutzen
wollen. Falten Sie die Enden der
Bordüre nach innen und nähen Sie
sie von Hand an die vorderen Kanten mit kleinen Heftstichen (Seite
24). Auf der rechten Seite verlän-
gern Sie die Bordüre am Halsausschnitt in eine kleine Knopfloch-
schlaufe und heften Sie sie fest
(probieren Sie aus, ob der Knopf
hindurchpasst). Nähen Sie die Bordüre an die Jacke an und denken
Sie daran, die Enden nach innen zu
falten, damit sie nicht aufribbeln.

Schritt 4

Schneiden Sie Vogel-, Blumen-
oder Herzapplikationen aus Filz
oder Pulloverresten. Benutzen Sie
den Vogelschnitt und zeichnen Sie
Blume und Herz freihändig. Nähen
Sie sie von Hand mit großem
Vorstich und kontrastierendem
Stickgarn an.

Schritt 5

Nähen Sie den Knopf gegenüber
der Knopflochschlinge an. Vielleicht
möchten Sie noch ein Kleideretikett
einnähen, das darauf hinweist, dass
die Jacke nur gereinigt werden darf.
Freuen Sie sich über Ihre kleine,
einmalige Jacke und über viele
Komplimente!

Hippie-Küken

Diese Hippie-Küken sehen aus, als wollten Sie singen und Ihren Tag verschönern. Sie stehen für Frieden, Liebe und Glück. Sie lieben es herumzuflattern und der Musik zu lauschen. Sie sind aus einem Pullover aus Angoragemisch genäht, der in sonnigen Farben willkürlich bemalt wurde. Die Kombination von fussligem Material und einer hellen Farbe führt zu den besten Ergebnissen. „Sunshine" ist aus einem ungefilzten Pullover und „Opal" aus einem Pullover, der nach dem Bemalen gefilzt wurde.

Beginn der Arbeit

Mit Ausnahme des Filzens sind beide Küken gleich gearbeitet. Wenn Sie sich für einen gefilzten Pullover entscheiden, können Sie vor oder nach dem Färben filzen. Filzen nach dem Färben ergibt eine weichere und interessantere Färbung. Seien Sie vorsichtig beim Färben und achten Sie auf die Angaben des Herstellers. Mischen und bereiten Sie die Farben vor. Halten Sie genügend heißes Wasser bereit, um den Stoff zu bedecken. Mischen Sie sie in einem säurebeständigen, flachen Topf, geben Sie 1–2 Teelöffel Zitronensäure oder Essig hinzu (um ein Verlaufen der Farbe zu verhindern). Legen Sie den Stoff in das heiße Wasser mit der Oberseite nach oben, sodass der Stoff bedeckt ist. Färben Sie den Stoff, indem Sie Farbtropfen auf den Pullover tupfen, wo immer Sie Farbe haben möchten. Bevor die Farbe von dem Stoff aufgesaugt ist, klopfen Sie leicht mit einem Löffel oder Pinsel auf einige Stellen, um die Farbe zu verteilen und zu sprenkeln. Wenn Sie den Farbverlauf schön finden und das Wasser klar ist, entfernen Sie den Pullover vorsichtig. Legen Sie den Pullover flach zum Trocknen hin.

Spannen: Nachdem der Stoff bemalt ist, filzen (Seite 12) Sie ihn, wenn Sie möchten, danach spannen (Seite 11). Lassen Sie ihn flach trocknen.

Ausschneiden der Schnittteile: Die Schnittmusterteile für „Opal" sind etwas schmaler, da sie aus gefilztem Material sind. Mit der Innenseite des Stoffes nach oben, skizzieren Sie den Körper des Kükens mit einem Stoffmarkierstift. Drehen Sie den Schnitt herum und skizzieren Sie den Körper noch einmal. Skizzieren Sie den Flügelschnitt zweimal auf die Innenseite des Stoffes, drehen Sie den Flügelschnitt herum und skizzieren Sie zwei weitere Flügel. Bevor Sie schneiden, prüfen Sie, dass die beiden Körperteile und die vier Flügelteile (für jeden zwei) spiegelverkehrt sind. Skizzieren und schneiden Sie einen Schnabel aus Filz oder kontrastierendem Stoff.

Schritt 1

Legen Sie den Stoff rechts auf rechts und stecken Sie den Schna-

bel zwischen zwei Körperlagen entsprechend den gestrichelten Linien des Schnittes. Nähen Sie um die Kükenkörper mit 1 cm Nahtzugabe. Lassen Sie die Naht am Boden zwischen den beiden Punkten offen. Da das Material sich dehnt, ist es nicht notwendig, die Naht an den Rundungen einzuschneiden. Wenden Sie das Küken von innen nach außen und füllen Sie es mit Füllwatte.

Schritt 2

Legen Sie zwei spiegelverkehrte Flügelteile rechts auf rechts zusammen, nähen Sie um den Flügel herum. Lassen Sie die Naht zwischen den Punkten offen. Wenden Sie den Flügel von innen nach außen und stopfen Sie ihn ganz leicht mit Füllwatte. Nähen Sie von Hand die Öffnung zu. Wiederholen Sie das Ganze mit dem zweiten Flügel.

Schritt 3

Um die Flügel anzubringen, richten Sie sich nach den gestrichelten Linien des Schnittes. Nähen Sie von Hand die breiten Seiten der Flügel an den Körper an, sodass sie leicht abstehen und die Küken den Eindruck erwecken, zu fliegen.

Schritt 4

Nähen Sie den unteren Teil des Körpers mit Saumstichen zu. Wiederholen Sie die Arbeitsschritte um mehrere Küken zu nähen.

Minkie und Piggie

Diese beiden charmanten, handgemachten, Tiere stammen aus der „Recycling-Kiste". Verwandeln Sie einen alten Lieblingspullover und farbige Stoffreste in einen treuen Freund für jemanden, den Sie kennen. Für diese Projekte benützen Sie eine Nähmaschine, einfache Handstickereien, Stoffe, Füllwatte, Knöpfe und verschiedene Einfassungen, um ein einmaliges Kunstwerk zu schaffen.

Beginn der Arbeit

Vergrößern Sie die Schnitte um 200%. Geben Sie für alle Nähte 6 mm Nahtzugabe zu. Verriegeln Sie mit Rückstich beide Enden der Naht. Skizzieren Sie die Schnittteile auf der linken Stoffseite mit einem Stoffmarkierstift und schneiden Sie die Teile wie folgt zu:

Aus verschiedenfarbigen Filzstoffen: einen Kopf, einen Körper, zwei Ohren, zwei Füße

Aus verschiedenen Baumwollstoffresten: einen Körper, einen Kopf, zwei Ohren, zwei Füße

Aus Filzresten: zwei Hüte

Schritt 1

Stecken Sie ein Wollohr und ein Baumwollohr rechts an rechts aufeinander. Lassen Sie dabei die untere Kante offen. Nähen Sie mit der Maschine und kleinen Stichen die Naht. Schneiden Sie die Kanten nach und wenden Sie das Ohr von innen nach außen. Falten Sie das offene Ende, um ein Ohr zu gestalten (siehe Zeichnung A). Nähen Sie die untere Kante zusammen. Wiederholen Sie dieses mit den verbliebenen zwei Ohrenteilen.

Schritt 2

Stecken und nähen Sie die untere Kante des gefilzten Stoffes für den Kopf an die obere Kante des Baumwollstoffkörpers rechts auf rechts aufeinander. Stecken und nähen Sie die untere Kante des Baumwollstoffkopfes an die obere Kante des gefilzten Körpers rechts auf rechts aufeinander. Bügeln Sie die Nähte mit dem Bügeleisen auseinander.

Schritt 3

Stecken Sie die Seiten und oberen Enden der neu zusammengefügten Teile, rechts auf rechts aufeinander, an die zusammenpassenden Nähte.

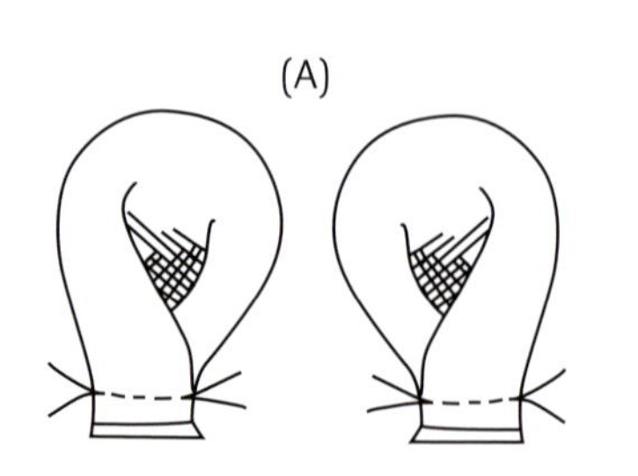

DESIGN VON SARAH STEEDMAN

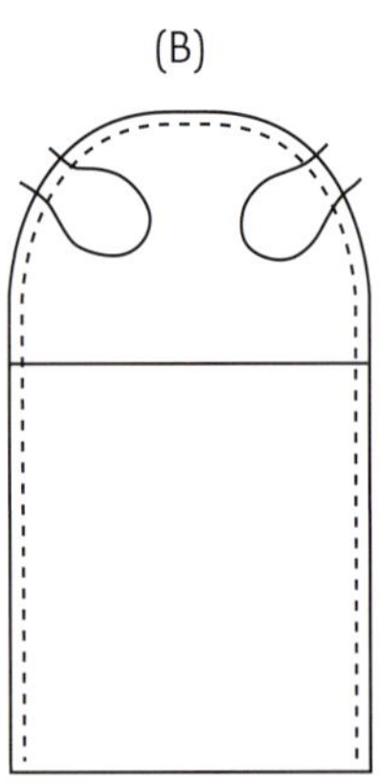

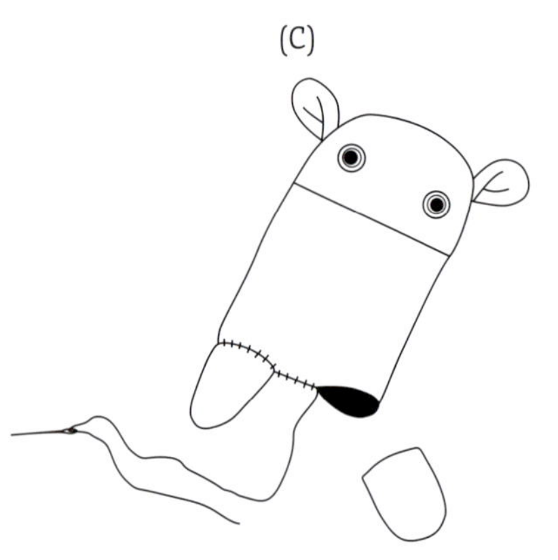

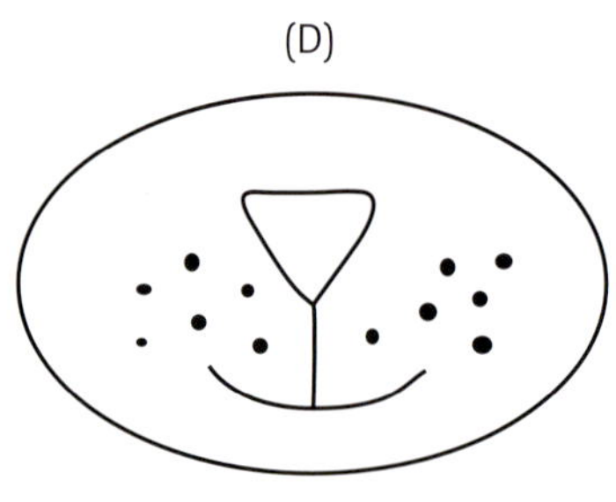

Fügen Sie die Ohren in die Schrägen des Kopfes (siehe Zeichnung B) ein. Achten Sie darauf, dass die Ohren zwischen den Stofflagen nach innen, mit dem Baumwollstoff nach vorne, zum wollenen Kopf hinschauen.

Nähen Sie Kopf und Körper zusammen (lassen Sie die untere Kante zum Wenden offen). Schneiden Sie die Nahtzugabe nach. Wenden Sie den Kopf-Körper von innen nach außen. Überprüfen Sie, dass die Nähte eng genäht sind. Falls nicht, wenden Sie das Ganze noch einmal und nähen Sie noch einmal nach.

Schritt 4

Stecken und nähen Sie zwei Fußteile links auf links zusammen, schließen Sie die Schnittkante, sodass die Naht von rechts zu sehen ist. Lassen Sie die obere Kante offen. Wiederholen Sie das Ganze mit den verbliebenen Fußteilen.

Schritt 5

Nähen Sie die Knopf- oder Tieraugen an, bevor Sie den Körper füllen. Platzieren Sie eine kleine runde Filzscheibe unter jedem Auge, um dem Gesicht mehr Tiefe zu geben.

Stopfen Sie mit kleinen Stücken Füllwatte den Körper fest aus.

Schritt 6

Falzen Sie mit dem Finger die untere Kante des Körpers 2,5 cm nach innen. Schieben Sie den ersten Fuß 2,5 cm in den Körper hinein. Mit Stickgarn und -nadel nähen Sie von Hand den Fuß mit schmalen, gleichmäßigen Stichen (siehe Zeichnung C) an. Fügen Sie den zweiten Fuß in die andere Ecke ein und schließen Sie den Körper. Vernähen Sie den Faden.

Schritt 7

Schneiden Sie ein 5,1 cm großes Oval und ein 1,3 cm großes Dreieck aus dem Filz aus. Nähen Sie das Dreieck auf das Oval mit kleinen Stichen. Nähen Sie die Mundlinie mit geraden Stichen und die Sommersprossen mit kleinen geraden Stichen in kontrastierendem Stickgarn (siehe Zeichnung D). Nähen Sie das Oval mit kleinen Stichen auf das Gesicht auf.

Schritt 8

Nähen Sie die Hutteile rechts auf rechts aufeinander. Wenden Sie

den Hut und füllen Sie ihn mit Füllwatte. Nähen Sie die untere Hutkante von Hand an die obere Kopfkante an. Befestigen Sie einen gerüschten Spitzenkragen und weitere liebevolle Details.

Materialien

- gefilzte Pullover in 2 verschiedenen Farben
- Baumwollstoffreste
- schmale Filzreste
- Stickgarn
- Spitze oder gerüschtes Stickereiband, 38,1 cm
- Füllwatte
- 2 Knöpfe, Ø 6 mm (wahlweise)
- kleine Blumenapplikation (wahlweise)

Werkzeuge

- Grundausstattung (Seite 15)
- Schnittmuster (Seite 154)
- Bügeleisen, Bügelbrett

Piggie

Beginn der Arbeit

Vergrößern Sie die Schnitte um 200%. Geben Sie für alle Nähte 6 mm Nahtzugabe zu. Verriegeln Sie mit Rückstich beide Enden der Naht. Skizzieren Sie die Schnittteile auf der linken Stoffseite mit einem Stoffmarkierstift und schneiden Sie die Teile wie folgt zu:

Aus verschiedenfarbigen Filzstoffen:

einen Körper, zwei Füße

Aus Baumwollstoffresten:

einen Körper

Schritt 1

Stecken und nähen Sie den Filzstoffkörper an den Baumwollstoffkörper rechts auf rechts aufeinander. Lassen Sie die untere Kante offen. Wenden Sie den Körper von innen nach außen. Bügeln Sie die Nähte flach.

Falten Sie die untere Kante des Körpers 2,5 cm nach innen und bügeln Sie den Knick.

Schritt 2

Stecken und nähen Sie die Fußteile links auf links zusammen, lassen Sie die obere Kante offen. Die Naht ist auf der rechten Seite zu sehen.

Schritt 3

Füllen Sie den Körper (nicht die Ohren) und die Füße mit Füllwatte. Mit Stickgarn und -nadel nähen Sie von Hand die Füße an den Körper, sodass Sie 1,3 bis 2,5 cm in den Körper hineinragen. Nähen Sie um jeden Fuß herum und schließen Sie die kleine Lücke zwischen den Füßen (siehe Zeichnung A). Vernähen Sie den Faden.

Schritt 4

Falten Sie die Ohren nach unten über das Gesicht, heften Sie sie beidseitig an ihren Platz. Nähen Sie Knöpfe für die Augen an oder sticken Sie sie mit schwarzem Stickgarn und geraden Stichen.

Schritt 5

Schneiden Sie einen 2,5 cm großes, rundes Filzstück für die Nase aus und sticken Sie zwei gerade Linien in die Mitte (siehe Zeichnung B). Nähen Sie die Nase zwischen die Augen. Sticken Sie den Mund mit Rückstichen (siehe Seite 23). Befestigen Sie eine gerüschte Stickereispitze als Hüftrock, eine Blumenapplikation nahe am Ohr und fügen Sie noch weitere Details auf Wunsch hinzu.

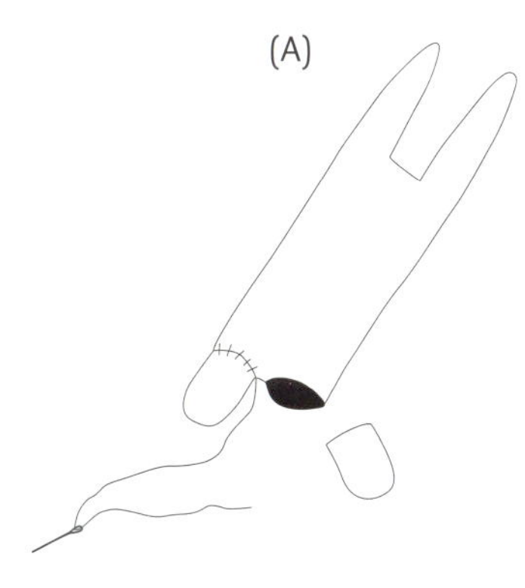

(A)

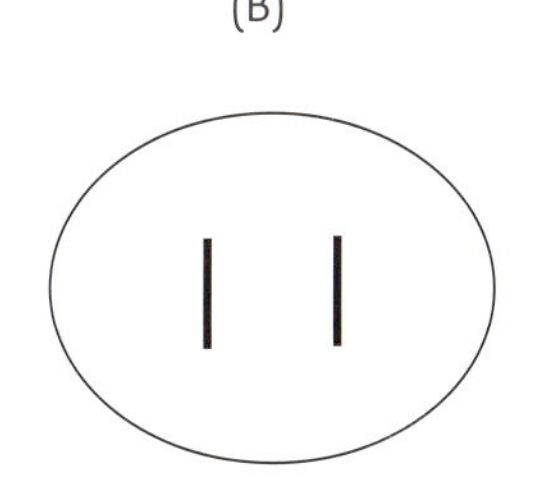

(B)

Hoot-Toot, die Eule

Was könnte klüger sein, als zwei farbenfrohe Pullover in eine freundlich aussehende Eule zu verwandeln? Lassen Sie sie auf Ihrem Schreibtisch sitzen oder in der Nähe Ihres Bettes, damit sie Ihnen hilft, alle Ihre Fragen zu beantworten. Fertigen Sie ihre Vorderseite aus einem weichen Angora- oder Kaschmirpullover.

Beginn der Arbeit

Vergrößern Sie den Schnitt um 200%. Sichern Sie mit Rückstichen Anfang und Ende aller Nähte. Falten Sie den Stoff zur Hälfte, rechts auf rechts, für alle Teile die zweimal zugeschnitten werden. Skizzieren Sie die Schnittteile auf der linken Stoffseite mit einem Stoffmarkierstift und schneiden Sie die Teile wie folgt zu:

Aus der ersten Eulenkörperfarbe:

Eulenkörper (2 x), Flügel (2 x), Büschel oder Ohren (2 x) und Kopfzwickel (1 x)

Aus der zweiten Eulen-Körperfarbe:

Eulenkörperzwickel (1 x), Augenhintergrund (2 x)

Aus gelbem Filz oder gefilztem Pullover:

Eulenschnabel (2 x), Füße (2 Paar oder 4 Stück), oberer Teil der Augen (2 x)

Aus schwarzem Filz oder gefilztem Pullover:

Augenmitte (2 x)

Schritt 1

Stecken und nähen Sie den Kopf- und Körperzwickel , rechts auf

rechts, zusammen entlang der Ecke, die mit einem „A" markiert ist. Schneiden Sie die Naht nahe der genähten Linie.

Schritt 2

Stecken und nähen Sie einen Körper rechts auf rechts an die zusammengenähten Zwickel. Nach der Stelle am Körper mit der Markierung „A" ausrichten, mit der Naht, die bei Schritt 1 genäht wurde. Das Ende des Zwickels trifft sich mit „B" und das andere Ende des Zwickels mit „C", so wie auf dem Körperschnittmuster der Eule eingezeichnet. Schneiden Sie die Kanten nach.

Schritt 3

Wiederholen Sie das Ganze mit dem verbliebenen Körperteil, mit Ausnahme des Eulenrückens, diesen lassen Sie zum Füllen 2,5 cm offen.

Schritt 4

Wenden Sie die Eule und stopfen Sie sie sehr fest. Formen Sie den Kopf mit den Händen und mit kleinen Stückchen Füllwatte. Schließen Sie mit Saumstichen (Seite 25) die Öffnung.

Schritt 5

Nähen Sie mit Überwendlingstichen (Seite 25) das untere Auge an den Kopf und das obere Auge an das mittlere Teil des Auges. Nähen Sie mit Stickgarn drei oder vier gerade Stiche über die Mitte des oberen Auges. Mit Überwendlingstichen nähen Sie das mittlere Augenteil an das untere Augenteil, so wie Sie es im Foto sehen.

Schritt 6

Gestalten Sie die Büschel, indem Sie die Punkte „D" zusammenfalten. Nähen Sie von Hand die Öffnung zwischen den Punkten zu. Wiederholen Sie das Ganze für einen zweiten Büschel. Stecken Sie jeden Büschel an die Seiten des Kopfes an, sodass die Büschel sich vom Kopf wegwenden. Nähen Sie sie mit Überwendlingstichen fest.

Schritt 7

Fertigen Sie den Schnabel, indem Sie die beiden Teile mit Überwendlingstichen zusammennähen, mit Ausnahme des hinteren Teiles. Füllen Sie den Schnabel sehr fest durch die Öffnung. Stecken Sie den Schnabel an das Gesicht, zwischen

den Augen, und nähen Sie ihn mit passendem Garn fest.

Schritt 8

Stecken und nähen Sie mit der Maschine, links auf links, zwei Flügel zusammen. Stecken Sie die Flügel auf ihren Platz am Körper und nähen Sie mit Überwendlingstichen die obere Rundung des Flügels.

Schritt 9

Nähen Sie mit Überwendlingstichen, links auf links die beiden Fußteile zusammen, die hintere Kante bleibt offen. Formen Sie Blumendraht in die Fußform und stecken Sie ihn in die Öffnung.

Tipp

Es ist klug die Farbe des Nähfadens auf den Pulloverstoff abzustimmen. Die Handstiche fügen sich so besser ins Gesamtbild ein.

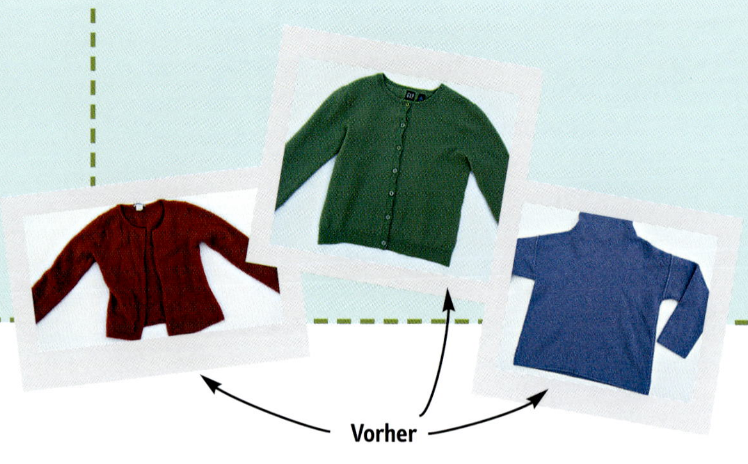

Materialien

- gefilzter Pullover für Blumen
- gefilzter Pullover für Muster und Details
- gefilzter Pullover für Blätter

Werkzeuge

- Schere
- Stecknadeln
- Filznadeln und Set
- Schnittmuster (Seite 146)

Blühende Tischsets

Mit diesen übergroßen, blühenden Schönheiten kommt frische Farbe auf Ihren Tisch. Ein kleiner Schnitt mit Ihrer Schere, ein kleiner Stich mit Ihrer Nadel – bald haben Sie eine ganze Wiese mit blumigen Tischsets vor sich.

Tipp

Benutzen Sie einen Zahnstocher, um die kleinen Teile an ihrem Platz zu halten, bis sie sicher und fest sitzen.

Beginn der Arbeit

Vergrößern Sie den Schnitt um 400% auf einem Fotokopierer, oder zeichnen Sie Ihren eigenen ähnlichen Schnitt. Schneiden Sie alle Teile aus. Stecken Sie die Schnitte auf den gewünschten, gefilzten, farbigen Pullover. Schneiden Sie die Teile zu.

Schritt 1

Legen Sie Blütenblätter oder andere Ornamente entlang den Kanten (falls Sie das wünschen) und in die Mitte der Blume, so wie der Schnitt es zeigt. Nadelfilzen Sie die Ornamente an ihren Platz (siehe Seite 12). Für saubere Kanten schneiden Sie, falls notwendig, Überschüssiges weg.

Schritt 2

Stecken Sie die Blätter, so wie auf dem Schnitt angegeben, sodass sie unter der Blume 2,5 bis 5,1 cm zu liegen kommen. Nadelfilzen Sie jedes Blatt an seinen Platz und schneiden Sie das überflüssige Material für saubere Kanten weg.

Zeitschriftenablage

Geben Sie Ihrem Büro etwas Pepp mit einem witzigen Zeitschriftenständer. Er versteckt perfekt die hässlichen, aber funktionalen Zeitschriftenablagen aus Karton oder Plastik. Die Zeitschriftenablage wurde aus Resten von gefilzten Pullovern gemacht, die von anderen Projekten übrig geblieben sind. Sie können natürlich auch andere Gewebe mit interessanten Strukturen benutzen.

Papiertüten aus dem Lebensmittelhandel eignen sich bestens für Entwurfskizzen.

Beginn der Arbeit

Um sich ein Schnittmuster zu machen, zeichnen Sie auf Packpapier jede Seite der Zeitschriftenablage, die Sie überziehen möchten. Folgende Teile sind norwendig: Seitenteil 1, Seitenteil 2, rückwärtige und vordere Schmalseite, Boden. Geben Sie an allen Kanten 6 mm Nahtzugabe zu. Kennzeichnen Sie die einzelnen Teile. Zeichnen Sie alle Schnitte mit Ausnahme des Bodens auf den Futter- und den Einlagestoff. Zeichnen Sie den Boden nur auf den Futterstoff.

Schritt 1

Legen Sie die Futter- und Einlagestoffteile zur Seite.

Zeichnen Sie auf die Seitenteile und rückwärtige und vordere Schmalseiten aufs Geratewohl gebogene Linien. Gestalten Sie die Linien weich und vermeiden Sie scharfe Ecken oder kantige Kurven, für geschwungene Patchwork-Teile.

Schritt 2

Nummerieren oder kennzeichnen Sie jedes Patchwork-Teil und schneiden Sie es dann auseinander. Um die Übersicht über die Positionierung zu behalten, zeichnen Sie Ihr Patchwork-Teil an die gewünschten Stellen der korrespondierenden Einlagestoffe. Benutzen Sie diese Schnitte, um die Stücke zuzuschneiden.

Schritt 3

Legen Sie die ausgeschnittenen Pulloverstücke auf das korrespondierende Stück Einlagestoff, sodass alle Teile zusammenpassen. Nähen Sie mit Zickzackstichen die Teile zusammen und gleichzeitig durch den Einlagestoff. Stellen Sie den Zickzackstich Ihrer Maschine so ein, dass er breit genug ist, um die Pulloverteile zu verbinden. Nähen Sie beide Seitenteile und Schmalseiten.

Schritt 4

Links auf links (so dass die Nähte sichtbar sind) nähen Sie die Seitenteile an die Schmalseiten an, um die Form zu erhalten.

Nähen Sie den Boden an die untere Kante der zusammengenähten Teile mit geradem Maschinenstich, nahe der Stoffkanten. Rechts auf rechts nähen Sie das Futter der Seitenteile und die Schmalseiten genauso zusammen.

Schritt 5

Links auf links nähen Sie den Futterstoff mit dem Einlagestoff zusammen, nahe der Stoffkanten mit einem geraden Maschinenstich – aber nur an der oberen Kante. Führen Sie die Zeitschriftenablage in die genähte Hülle ein und schlagen Sie das Futter nach innen darüber. Die Zeitschriftenablage befindet sich nun zwischen dem Pullover-Einlage-Stoff und der Futterstoff Lage.

Schicke Kissen-Kollektion

Suchen Sie nach etwas um Ihre Räumlichkeiten aufzupeppen? Nichts ist einfacher, als ein paar neue Kissen zu zaubern oder alte neu zu dekorieren. Sammeln Sie einige Pullover, deren Farbe und Textur zusammenpassen, und verwandeln Sie diese in eine elegante Kissen-Kollektion. Beziehen Sie existierende Muster mit ein, wie zum Beispiel das Sternmotiv auf diesem runden Kissen oder die Knötchenstruktur auf dem klassischen, viereckigen Modell.

Schneiden Sie ein Loch in den runden Schnitt. Damit ist es einfacher, die Mitte des Motivs zu finden: Falten Sie den Kreis zur Hälfte und dann noch einmal zur Hälfte. Das ergibt einen Keil so wie ein Kuchenstück. Schneiden Sie die Spitze des „Kuchenstücks" ab, um eine mittige Öffnung zu erhalten.

Für das Superstar-Kissen:

Schritt 1

Zeichnen Sie einen Papierschnitt, indem Sie um einen Teller oder einen anderen runden Gegenstand, der die gewünschte Größe für Ihr Kissen hat, eine Linie ziehen. Schneiden Sie einen Kreis vom Vorderteil des Pullovers mit dem mittigen Motiv und einen zweiten Kreis aus dem Rückenteil.

Schritt 2

Messen Sie den Umfang der Kissenvorderseite und -rückseite. Schneiden Sie 10,2 cm breite und dem Umfang entsprechend lange (zuzüglich 2,5 cm für die Nahtzugabe) Streifen von dem farblich passenden Pullover zu. Falls nötig, nähen Sie zwei oder mehr Streifen zusammen, um die gewünschte Länge für die Kissenseite zu erreichen.

Schritt 3

Falten Sie den Streifen zur Hälfte und noch einmal zur Hälfte und markieren Sie jedes Viertel mit einer Stecknadel. Markieren Sie mit Stecknadeln diese vier Stellen auf der Kissenvorderseite. Rechts auf rechts richten Sie die Stecknadelmarkierungen aufeinander aus. Benutzen Sie weitere Stecknadeln, um die Teile aneinanderzustecken. Nähen Sie die Teile mit Schlingstichen (Seite 24) zusammen.

Schritt 4

Schneiden Sie aus dem Vlies Kreise und platzieren Sie sie unter der Vorderseite des Kissens. Füllen Sie genug Vlies ein, um das Kissen zu stopfen. Stecken Sie die Rückseite und das Seitenteil zusammen, und nähen Sie es dann mit Schlingstichen zusammen.

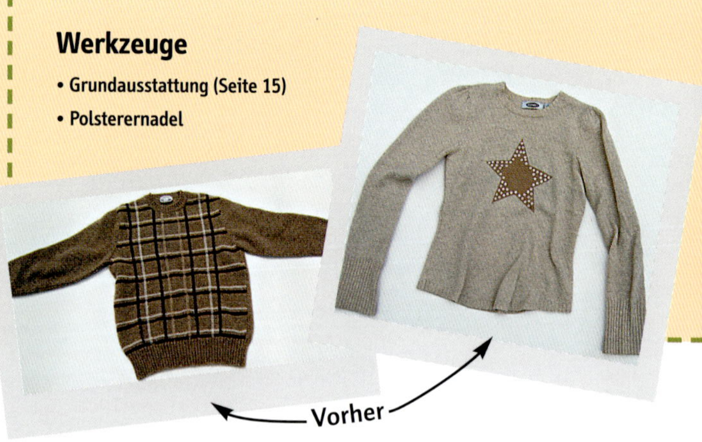

Nackenrolle

Für die Nackenrolle:

Schritt 1

Messen Sie die Länge, den Umfang und den Radius des Innenkissens. Schneiden Sie den Stoff wie folgt:

Kreisumfang + 2,5 cm

Radius + Länge + Radius + 2,5 cm. Falls es ein zentriertes Motiv gibt, achten Sie darauf, dass es in der Mitte sitzt.

Haben Sie Füllwatte zur Hand, rollen Sie diese fest zu einem Innenkissen der gewünschten Größe zusammen.

Schritt 2

Um einen Schlauch zu nähen, falten Sie das Stück in der Breite rechts auf rechts. Schließen Sie die Naht mit 1,3 cm Nahtzugabe.

Schritt 3

Wenden Sie den Stoff von innen nach außen und stecken Sie das Innenkissen hinein.

Schritt 4

Nähen Sie mit Knopflochseide von Hand Heftstiche, nahe den Enden des Stoffschlauches. Ziehen Sie am Faden, um die Enden einzukräuseln.

Schritt 5

Überziehen Sie die Knöpfe mit farblich passenden, gefilzten Stoffresten, indem Sie der Anleitung auf der Knopfpackung folgen.

Schritt 6

Fädeln Sie das Knopflochgarn, der Faden muss zweimal so lang wie das Kissen sein, in die Polsterernadel. Knoten Sie einen der Knöpfe an das Ende des Fadens. Stechen Sie mit der Nadel in die Mitte eines der Kissenenden und auf der anderen Seite nach außen. Schneiden Sie den Faden von der Nadel ab und knoten Sie den anderen Knopf an das Ende. Bevor Sie den Faden verknoten, ziehen Sie ihn straff an, sodass die Knöpfe im Kissen einsinken. Vernähen Sie den Faden und schneiden Sie die überschüssigen Enden ab.

Viereckiges Kissen

Für das viereckige Kissen: Schritt 1

Schneiden Sie zwei Vierecke vom Vorder- und vom Rückenteil des Pullovers. Die Größe der Quadrate wird durch die Größe des Innenkissens bestimmt. Wenn eine Standardkissengröße nicht passt, ändern Sie die Größe der Quadrate oder nehmen Sie Füllmaterial statt-

dessen. Stecken Sie die beiden Quadrate rechts auf rechts aufeinander und nähen Sie sie dann zusammen. Lassen Sie die Hälfte der einen Seite offen. Wenden Sie das Kissen – und stecken Sie das Innenkissen (oder das Füllmaterial) hinein. Falten Sie die Nahtzugabe nach innen und nähen Sie das Kissen mit Saumstichen zu.

Rundkissen

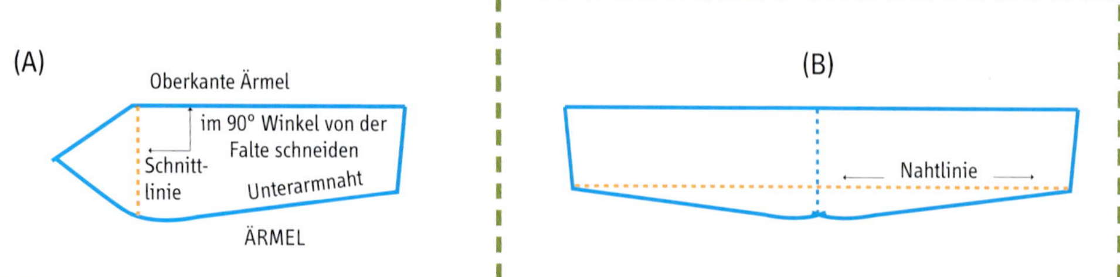

Für das Rundkissen:
Schritt 1

Schneiden Sie die Ärmel vom Pullover senkrecht zu der oberen Ärmelkante (siehe Zeichnung A). Ärmelbündchen schneiden Sie ab.

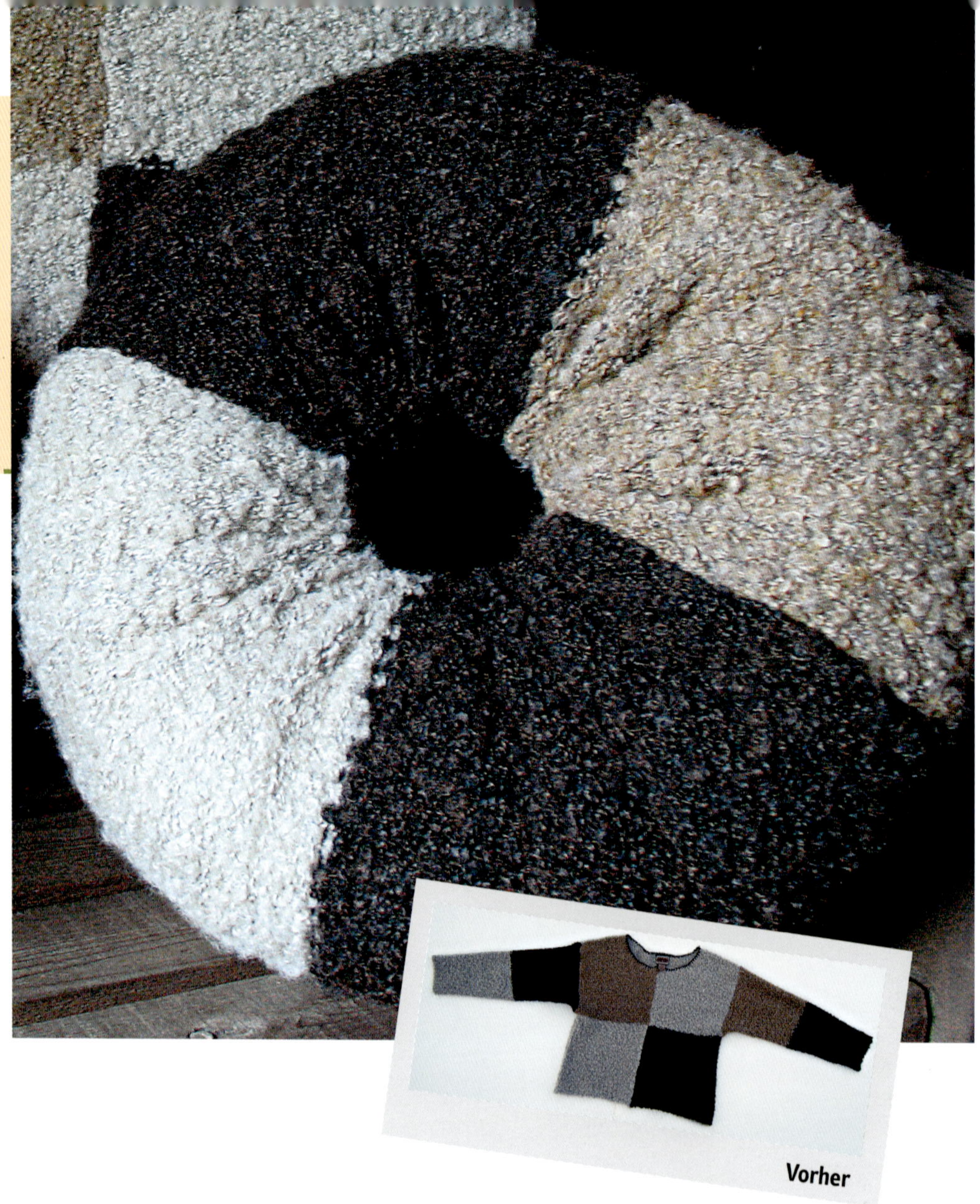

Wenden Sie einen Ärmel. Stecken Sie den anderen Ärmel innen rechts auf rechts hinein, sodass die Kanten bündig liegen. Stecken und nähen Sie die Schnittkanten an einem Ende zusammen.

Schritt 2

Ziehen Sie den inneren Ärmel nach außen, sodass Sie einen langen Schlauch, mit der linken Seite außen, bekommen. Falls die Ärmel sich nach unten verjüngen, markieren Sie eine neue Naht, sodass der Schlauch überall die gleiche Breite hat (siehe Zeichnung B). Nähen Sie die neue Naht und schneiden Sie das überflüssige Material weg.

Schritt 3

Nähen Sie einen langen Vorstich (Seite 24) in der Nahtzugabe. Den Schlauch wenden und am Faden ziehen, um dem Gestrick eine Rundung zu verleihen. Füllen.

(A)

(B)

Materialien

- 2 oder 3 gefilzte Pullover in verschiedenen Farben oder Mustern
- Baumwollkordel, 7,6 cm, Ø 6 mm für jeden Topflappenaufhänger
- farblich passender Nähfaden

Werkzeuge

- Nähmaschine
- Schere oder Rollschneider und Schneideunterlage
- Stecknadeln
- Lineal

Bunte Topflappen

Diese einfach zu machenden, nützlichen, vielfarbigen und preiswerten Topflappen sind wundervolle Geschenke – denn jeder kann ein neues Exemplar gebrauchen. Sie waschen sich wunderbar in der Maschine und sollten zum Trocknen auf die Leine gehängt werden.

Beginn der Arbeit

Für jeden Topflappen schneiden:

Zwei verschiedene 20,3 cm-Quadrate aus gefilztem Pulloverstoff, einen Kreis (Ø 15–18 cm) in einer anderen Farbe und 7,6 cm Kordel

Schritt 1

Stecken Sie die beiden Quadrate rechts auf rechts zusammen. Falten Sie die Kordel zur Hälfte und stecken Sie die Enden zwischen die beiden Stofflagen an einer der Ecken für einen Aufhänger.

Schritt 2

Nähen Sie mit der Maschine 6 mm von der Kante entfernt einmal um den Topflappen herum. Nähen Sie leicht drehend um die Ecken und achten Sie darauf die beiden Kordelenden mit einzunähen. Sicherheitshalber nähen Sie noch einmal über die Ecke mit den Kordelenden.

Schritt 3

Mit der Nadel noch im Stoff, drehen Sie den Topflappen, sodass Sie zur Mitte nähen können.

Positionieren Sie den gefilzten Kreis in der Mitte und nähen Sie zum Kreis hin. Nähen Sie ungefähr 6 mm von der äußeren Kreiskante. Nachdem Sie den Kreis festgenäht haben, nähen Sie in Spiralen zur Mitte hin weiter, indem Sie den Topflappen während Sie nähen, drehen. Nähen Sie die Spiralen in einem Abstand von ungefähr 1,3 cm. Nachdem Sie die Mitte erreicht haben, machen Sie zwei oder drei Rückstiche – und voilà Ihr Topflappen ist fertig!

DESIGN VON KIM TAYLOR

Inspiration ist der erste Schritt.

Die Galerie enthält noch mehr wundervolle Designs – entworfen aus zerschnittenen Pullovern unterschiedlichster Herkunft. Lassen Sie sich von einem ganzen Projekt oder einem einzelnen Element inspirieren und gestalten Sie Ihren eigenen Entwurf. Die folgenden Seiten sind voll mit Kleidung und Accessoires aus Pullovern mit allen möglichen Texturen und Farben, die Sie an Ihre Schränke und Schubladen rennen lassen (natürlich nicht mit der Schere in der Hand), um nachzuschauen, welche alten Pullis, mit nur ein paar kleinen Schnitten und Stichen, zu neuem Leben erweckt werden können.

Handtasche „Erika" (Foto links) Die Konstruktion dieser Handtasche ist einfach, aber ihre Erscheinung ist alles andere als simpel. Nähen Sie den Reißverschluss zwischen die zwei gestreiften Teile an das obere Ende. Stecken Sie einen schmalen Streifen gefilzten Stoff in jeden der Schlitze am unteren Ende der Henkel und nähen Sie dann die Streifen an das obere Ende der Handtasche, um die Henkel dort anzubringen. Steppen Sie die übrigen Seiten der Handtasche zu mit einer 6-mm-Nahtzugabe.

Handtasche „Cindy"

Unkonventionelle Mädels brauchen unkonventionelle Handtaschen. Der erste Blick auf die breiten Streifen und die avantgardistische Anbringung des Reißverschlusses machen klar, dass diese Handtasche kein Durchschnittsmodell ist. Angenäht an die vordere Mittelnaht ermöglicht der Reißverschluss unerwarteten, jedoch einfachen Zugriff für Alles, was drinnen versteckt ist. Klar ist, dass jemand, der diese Tasche trägt, mehr Stil als andere hat.

Handtasche „Joan"

Lassen Sie sich von den cremigen Farben dieser Tasche nicht täuschen. Unter dem zurückhaltenden Äußeren verbirgt sich eine grundsolide, vielseitige Handtasche. Die großzügige Eimerform bietet ganz viel Raum für wesentliche Dinge, wie ein Portemonnaie und Handy, während noch immer Platz ist für Sonnenbrille und ein Taschenbuch. Die Henkel haben die perfekte Größe, um die Handtasche über dem Arm oder der Schulter zu tragen.

Mini-Blumen-Einkaufstasche

Diese Einkaufstasche wurde als Muster für einen Gestaltungskurs zum Thema „Pulli-Recycling" gefertigt. Der Dozent lehrte eigentlich die Teilnehmer nie, wie die Tasche zu machen ist, da es ein Kurs für Kinder und das Modell ein wenig zu kompliziert für sie war. Trotzdem ist die Tasche eine überzeugende Kombination von Materialien und Sticktechniken. Schauen Sie, wie die „Augenperle" Leben in die Blume bringt.

iPod-Halskette und „Hand"-Tasche

iPod-Halskette: Dieses Design erlaubt es Ihnen den iPod zu bedienen. Gleichzeitig ist das Täschchen eine Halskette mit vielen, farbigen Perlen und Stickereien. **Die „Hand"-Tasche** ziert ein mediteranes Glückssymbol. Der Hamsa ist normalerweise eine aufrechte oder umgedrehte Hand mit einem Auge in der Mitte der Handfläche. Das „Auge" hier ist ein wiederverwendeter Knopf.

DESIGN VON STEFANIE GIRARD

Laptop-Schoner

Filzen Sie einen Pullunder auf die Größe Ihres Laptops. Das geht am besten mit einem Stück Pappe in der Größe Ihres Laptops, das Sie mit einer Plastiktüte umhüllen und auf den Pullunder spannen. Hat der Pullunder die richtige Größe, nähen Sie an der unteren Kante zu.

DESIGN VON STEFANIE GIRARD

Jacke mit frechen neuen Ärmeln

Diese neuen Ärmel sind ganz einfach. Alles was Sie brauchen, sind eine langärmliger Jacke, Faden und Stoffstreifen (oder Reste) von einem anderen Pullover. Zeichnen Sie zwei parallele Linien über die Mitte des Ärmels, in dem von Ihnen gewünschten Abstand. Schneiden Sie entlang der neuen Markierungen und nutzen Sie dieses Ärmelstück als Schnittmuster für die Ärmeleinsätze. Sie können so die Ärmel aber auch längen und kürzen.

DESIGN VON STEFANIE GIRARD

„Pet Rocks"-Pulli

„Pet Rocks" waren in den 1970er-Jahren sehr beliebt; die großen Steine zierten so manches Zuhause. Schneiden
Sie einen Vorder- und einen Rückenstreifen zu, sodass sie eng um den Stein liegen. Arbeiten Sie zwei kleine Ärmel
und nähen Sie sie in die Seitennähte ein. Nähen Sie einen kleinen Schlauch für den Rollkragen und nähen Sie ihn
an das obere Ende des Pullovers. Säumen Sie die untere Kante und ziehen Sie ihn Ihrem Lieblings-„Pet Rock" an.

DESIGN VON STEFANIE GIRARD

Bier-Pullover

Wer möchte sein Bier nicht davor schützen, warm oder seine Hände davor kalt zu werden, wenn Sie nach einer erfrischenden Getränkeflasche greifen? Schneiden Sie zwei T-förmige Teile aus einem gerippten Pullover und heben Sie ein geripptes Stück auf für den doppelten Rollkragen. Nähen Sie mit der Maschine oder von Hand die Teile zu einem stilvollen Mini-Rollkragenpullover, der eine doppelte Funktion hat!

DESIGN VON STEFANIE GIRARD

Blaues Top

Verwandeln Sie einen großen, weitgeschnittenen Pullover in ein formschönes Oberteil. Alles, was Sie tun müssen, ist die Ärmel abzuschneiden. Probieren Sie den Pullover mit der Innenseite nach außen an. Stecken Sie ihn ab, sodass er besser sitzt, und nähen Sie mit der Maschine die Seitennähte und die Armausschnitte. Nähen Sie niedliche kleine Taschen auf und Sie haben ein trendiges neues Top für jede Gelegenheit.

Rüschen- und Spitzenschal

Suchen Sie einen vertikalen Pulloverstreifen aus und steppen ihn mit der Maschine ab.
Schneiden Sie knapp neben den Stichen so viele Streifen wie für die gewünschte Länge
nötig sind. Nähen Sie die Enden der Einzelstreifen zusammen und mit Überwendlingstichen (Seite 25) um die
Schalkanten. Fädeln Sie zwei Garnstücke durch die Schalmitte und ziehen Sie sie an, um Rüschen zu kreieren.

Kringel- Kuriertasche

Ein gestreifter und ein einfarbiger Pullover werden zu einer super sportlichen und weichen Kuriertasche kombiniert. Die Schulternähte und die langen Ärmel des gestreiften Pullovers werden für die Seiten der Tasche genutzt. Für die Klappe verwenden Sie den einfarbigen Pullover. Schneiden Sie ein paar kleine Reste von dem gestreiften Pullover in verschieden große Punkte und nadelfilzen (Seite 12) Sie sie auf die Klappe, um diese aufzupeppen.

DESIGN VON STEFANIE GIRARD

Gestreiftes Kuschelbett

Wir lieben es, uns in einen Pullover zu kuscheln. Warum verhelfen wir nicht auch unserem Haustier zu einem Kuschelerlebnis? Funktionieren Sie die Ärmel des Pullovers um in die Seiten des Bettes und den Körper in den Boden. Füllen Sie den Boden mit Schaumgummi und die Seiten mit Füllwatte aus. Ihr kleiner Freund wird es Ihnen danken.

DESIGN VON STEFANIE GIRARD

XXL-Bolero

Dicke und grobe Pullover bieten faszinierende Möglichkeiten. Trennen Sie
die Ärmel ab. Dann verbinden Sie sie wieder, indem Sie sie mit etwas wie-
dergewonnenem Garn vom Pulloverkörper (Seite 19) zusammenschnüren.
Schließen Sie den Bolero mit einem Knopf, der durch das Gestrick passt.

Gestreifte Vasen

Möchten Sie eine Gruppe von schlecht zusammenpassenden Vasen in eine
atemberaubende Kollektion verwandeln? Durchwühlen Sie Ihren Kleider-
schrank nach einem gerippten Pullover mit einer frechen Farbpalette. Dieses
Pullover-Vasen-Set wird für jede Menge Gesprächsstoff sorgen.

DESIGN VON STEFANIE GIRARD

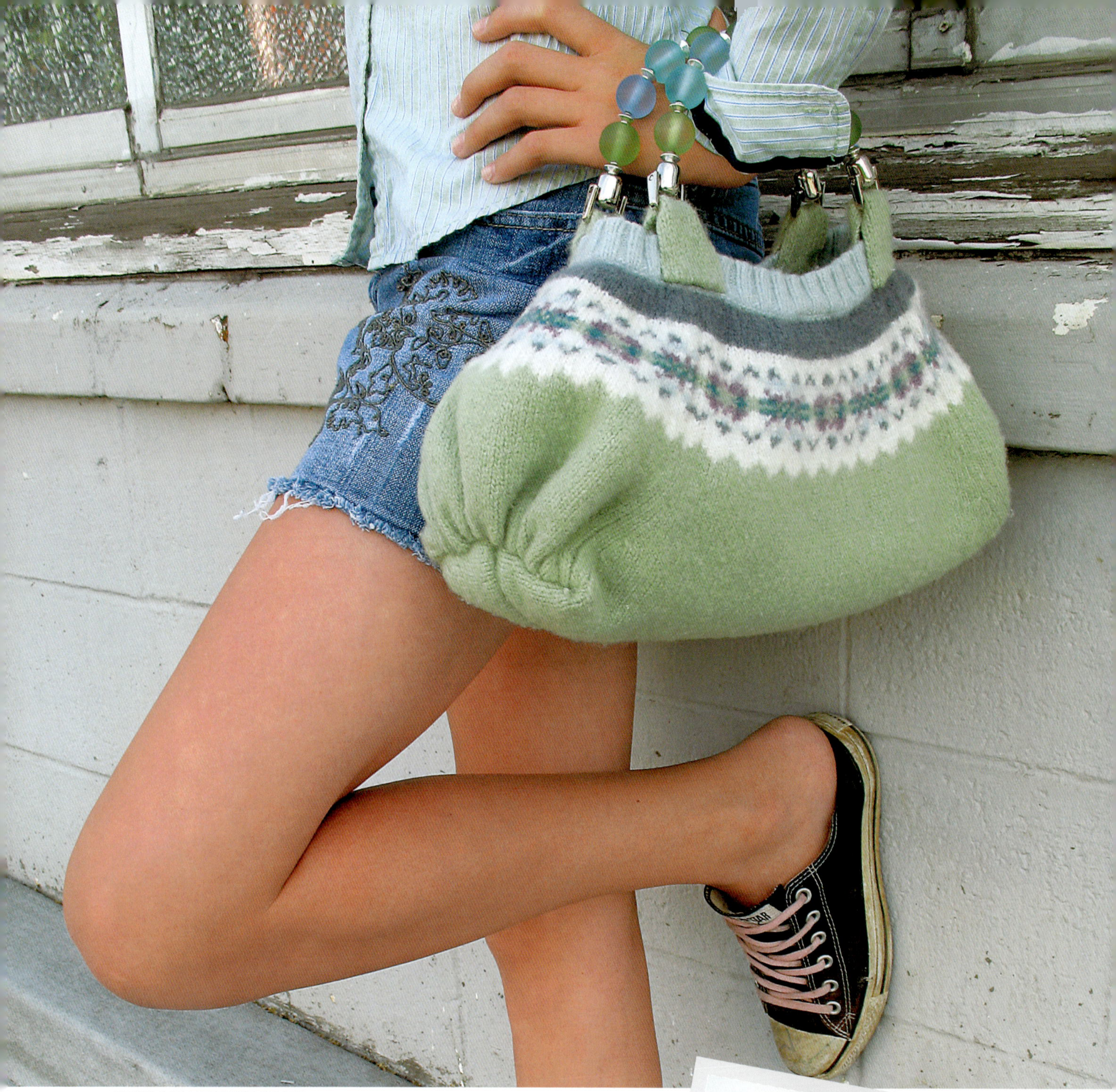

Fröhliche Jacquard-Handtasche

Es ist hart, einen Lieblingspullover auszusortieren. Werfen Sie ihn nicht weg, verwandeln Sie ihn in ein cooles, neues Accessoire. Diese Handtasche nutzt die klassische Jacquardpasse als „Hingucker". Fädeln Sie farblich passende Perlen auf die Taschengriffe.

Vorher

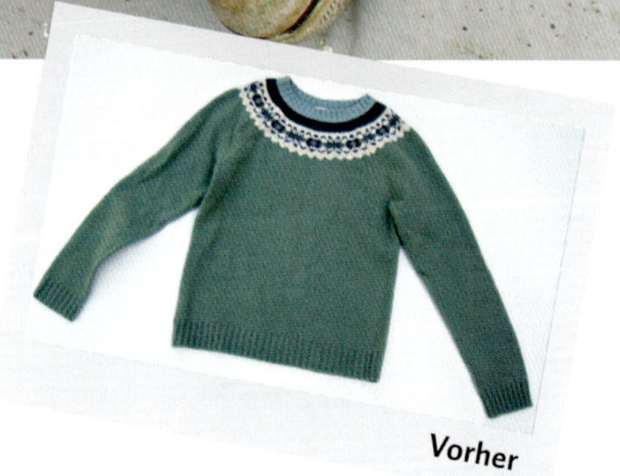

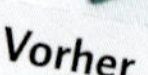

DESIGN VON STEFANIE GIRARD

Spitzen unter der Taille

Verwandeln Sie einen übergroßen Pullover von früher in einen weichen und komfortablen Rock in Ihrer Länge. Schneiden Sie den Pullover unterhalb der Ärmel ab, und damit er nicht wegrutscht, ziehen Sie ein Gummiband hindurch. Geben Sie dem Gestrick extra Form, indem Sie ein Stretchband gerade über dem Saum hindurchziehen, und binden Sie eine Schleife.

Weiche Stricknadeltasche

Warum nicht eine niedliche Stricknadeltasche aus einem alten Pullover zaubern, um Stricknadeln sicher und ordentlich aufzubewahren? Schneiden Sie den Pullover so zurecht, dass der Taillenbund das Obere der Tasche wird und die Kante der oberen Klappe. Nähen Sie einige gerade Längsnähte, um lange, schmale Innentaschen zu erhalten. Etwas Band hält die Stricknadeltasche geschlossen und Klebebuchstaben geben ihr eine persönliche Note.

DESIGN VON STEFANIE GIRARD

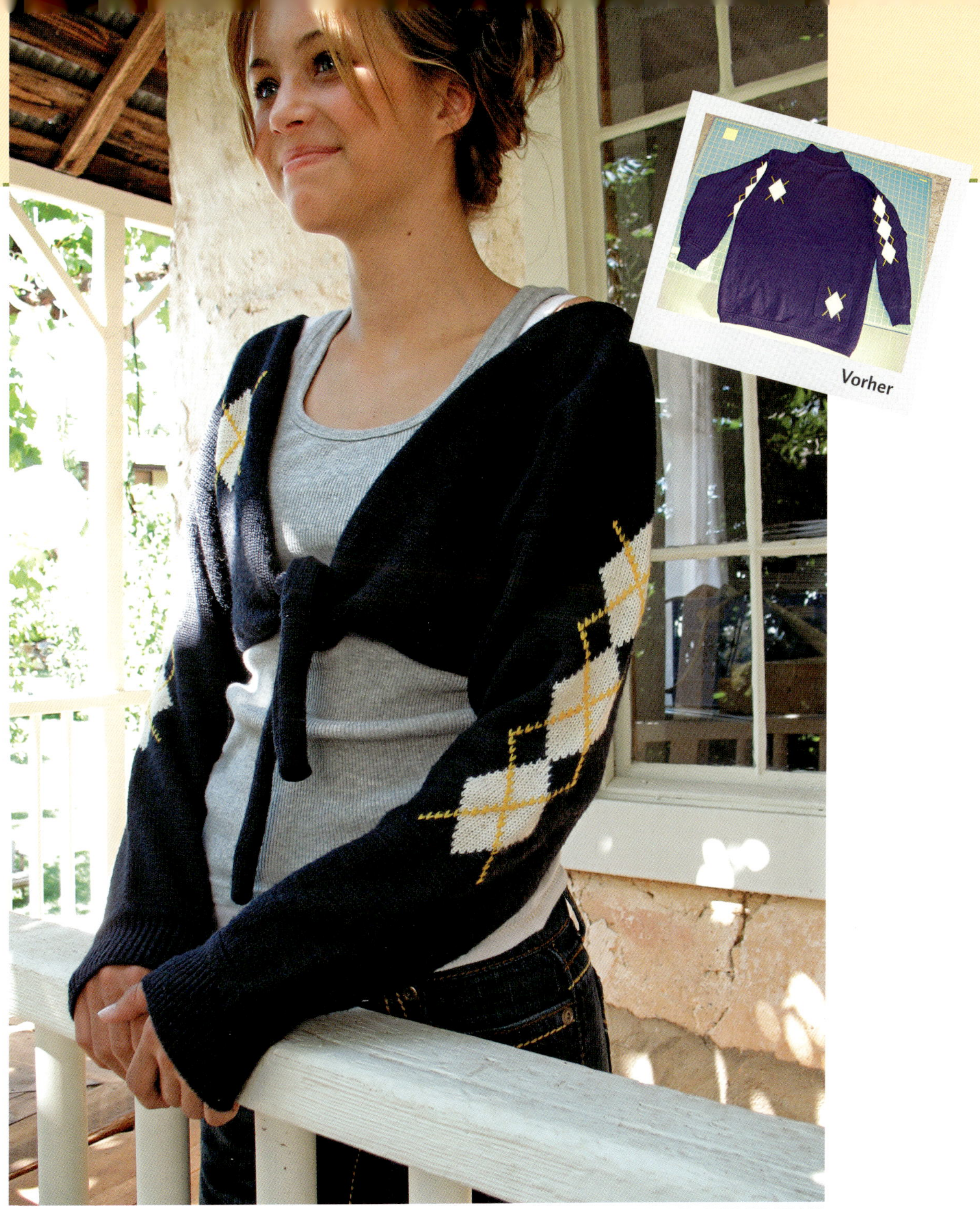

Geknotetes Rautenmuster

Lieben Sie ein bestimmtes Muster aber der dazugehörige Pullover entspricht weder Ihrer Größe noch Ihrem Geschmack? Dann greifen Sie zur Schere. Schneiden Sie einfach die vordere Mitte auseinander und lassen Sie zwei lange Schwänze für einen geknoteten Verschluss. Kürzen Sie etwas von dem Rückenteil für ein kurzes Top.

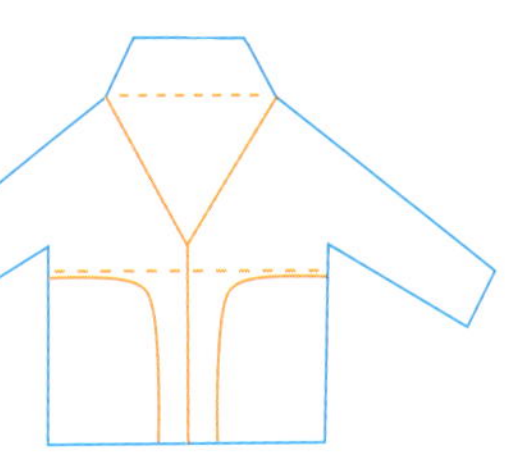

DESIGN VON STEFANIE GIRARD

Gestickte Tasche

Suchen Sie einen Pullover mit großartigen Details. Mit etwas Band können Sie
daraus eine Tasche gestalten, die aussieht, als hätten Sie Stunden dafür gebraucht.
Nähen Sie die Seiten zusammen. Verzieren Sie den Taschengurt, indem Sie das Band
hindurchziehen. Nutzen Sie die vorhandene Knopfleiste als oberen Taschenverschluss.

Super-Socks

Warum nicht etwas Lustiges für die Beine entwerfen? Verwandeln Sie die Ärmel eines gerippten Pullovers in lustige Kniestrümpfe. Schneiden Sie die Ärmel ab und nähen Sie sie für die Strumpfspitze zu. Falls Ihre Strümpfe etwas bauschig sind, nähen Sie sie entlang der Naht enger, besonders an den Fesseln.

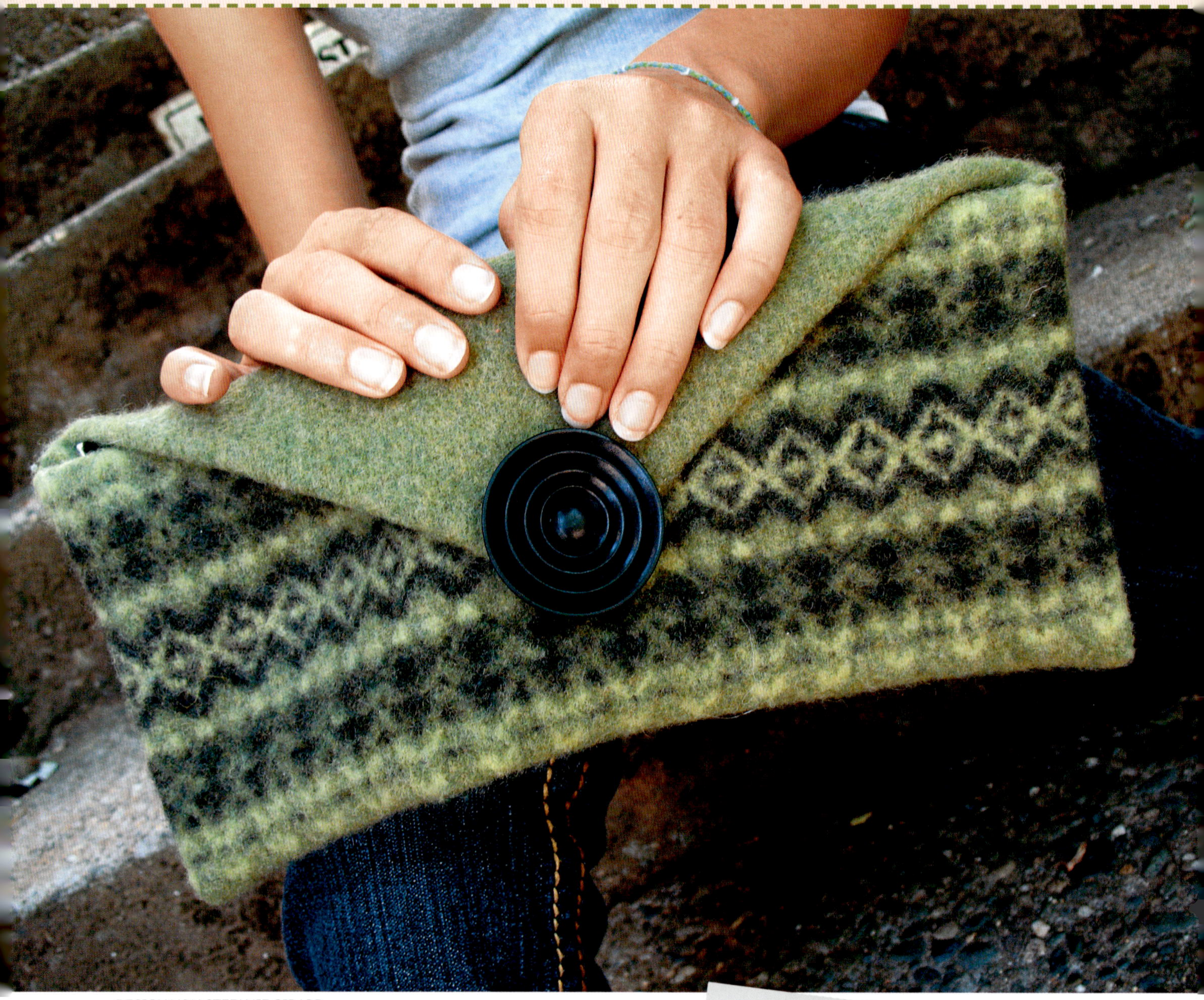

DESIGN VON STEFANIE GIRARD

Einfache Kuvert-Handtasche

Vorher

Eine Kuvert-Handtasche ist perfekt, wenn Sie nur einige wenige Dinge mitnehmen wollen. Warum gestalten Sie nicht eine aus einem Pullover mit raffiniertem Druckmuster und verschönern sie mit einem kecken Knopf?

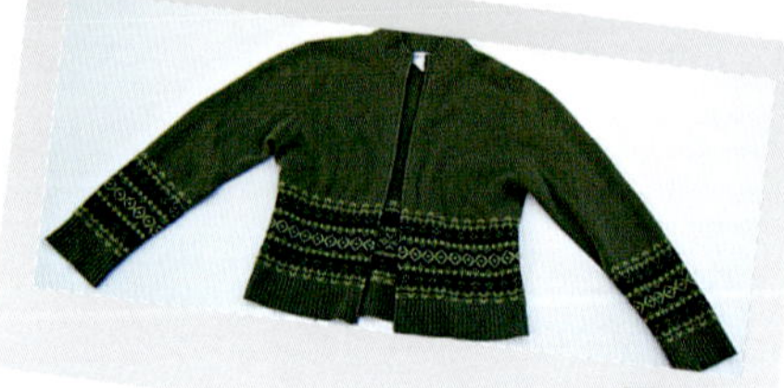

Sportliche Rautenmuster-Handtasche

Möchten Sie das Motiv eines nicht gefilzten Pullovers für ein Modell, das aus einem gefilzten Pullover gefertigt wird, verwenden? Nehmen Sie einfach zweiseitig beschichtetes Vlies, um den gefilzten Stoff auf den ungefilzten Stoff aufzubringen. Erscheint Ihnen die Tasche noch etwas schmucklos? Die v-förmigen Stiche auf dem Taschengriff greifen die gestrickten Maschen im Muster auf.

Braune Jumbo-Tasche

Wir alle lieben es, auf alles vorbereitet zu sein, deshalb ist eine große Tasche oft eine Notwendigkeit! Benutzen Sie den gerippten Bund des Pullovers. Drehen Sie ihn um und verwenden Sie ihn als Ummantelung für den großen, runden Holzbügel. Der Streifen, der sich am Oberteil des Pullovers befand, dekoriert nun den Boden der Tasche.

Fetzige Gürtel in Grün und Blau

Breiter Gürtel: Oft machen Accessoires die Kleidung aus und sie anzufertigen macht besonders Spaß. So hält ein breiter Gürtel mit großer Schnalle ein loses Hemd zusammen oder peppt ein niedliches Kleid auf. Schneiden Sie ein Stück von einem gefilzten Pullover ab, nähen Sie einige Stücke zusammen, um die erforderliche Länge zu bekommen, und nähen Sie eine Schnalle an ein Ende. **Gestreifer Gürtel in Grün:** Schneiden Sie von gefilzten Pullovern Streifen zu (stückeln Sie für die Länge falls notwendig) und bringen Sie eine alte oder neue Schließe an. Falls der Gürtel dünn wirkt, benutzen Sie auf der Rückseite ein Vlies. **Nietengürtel in Blau:** Sie können aus einem gestreiften Pullover eine Menge gestreifter Gürtel fertigen. Verzieren Sie sie zum Beispiel mit silbernen Nieten in verschiedenen Größen für einen interessanten Glitzereffekt. Schließen Sie den Gürtel mit Halbrundringen.

DESIGN VON STEFANIE GIRARD

Kosmetiktücherbox-Rollis

Suchen Sie einen Weg, um Ihre Kosmetiktücherboxen, die im ganzen Haus verstreut sind, zu verkleiden? Ob gestreift oder gepunktet, schneiden Sie die Ärmel Ihrer alten Pullover ab und stülpen Sie sie einfach über die Box. Schlagen Sie das Ärmelbündchen ein- oder zweimal wie einen Rollkragen um.

Zopfjacke mit Spitzen

Sie mögen es nicht, wenn Sie beim An- und Ausziehen Ihres Pullovers Ihre Haare in Unordnung bringen? Warum schneiden Sie nicht einfach den Pullover in der vorderen Mitte auf und verwandeln ihn in eine Jacke? Fassen Sie mit Spitze ein, und ziehen Sie ein Satinband durch die Löcher der Spitzen für eine sexy verzierte Jacke. Um das Ganze zu vervollständigen und für noch mehr Pfiff, befestigen Sie ein paar gehäkelte Bommeln.

DESIGN VON STEFANIE GIRARD

Stirnband

Schneiden oder stückeln Sie genügend Streifen, sodass Sie lange Bänder haben, um die eigensinnigen Locken an ihrem Platz zu halten. Legen Sie den Streifen auf ein Stirnband und kleben Sie die Schnittkanten auf der Unterseite des Stirnbandes fest. Nähen Sie von Hand die langen Enden mit den Schnittkanten nach innen.

Minirock mit Zähncheneinfassung

Das wilde florale Muster auf dem Vorderteil versteckt hier fast das großartige Pepitamuster des Rückenteils, welches kühn mit einer Kiltnadel in einen niedlichen Minirock verwandelt wurde. Das Rückenteil wurde in drei Bahnen geschnitten und danach zu einem rechteckigen Stück zusammengenäht. Die Pullovereinfassung wurde abgeschnitten und wieder um alle Kanten herumgenäht.

Pullovertasche mit Ringen

Diese Tasche wurde von der Werbepostkarte meiner Lieblingsboutique inspiriert. Die Farbkomposition war sagenhaft und ich hatte gerade Pulloverfilz zur Hand, um das Muster nachzubilden! Ich legte die Ringe auf der Vorderfront aus und bog einige zur Rückseite. Die großen Knöpfe sind neu – aus dem alten Bestand einer Knopffabrik in Texas. Ich benutzte aufgerippeltes Garn eines anderen Pullovers, um mit einem Schlingstich die obere Schnittkante der Tasche zu umsäumen.

DESIGN VON LOUISE GOLDSMITH

Retro-Hüte

„Mitternacht in der Stadt" (oben links): Anlass für dieses schwarze Barett war eine abgesagte Reise nach Paris. Denn nichts besänftigt eine kreative Seele mehr als wieder in die „Gänge" zu kommen und etwas Wunderschönes zu machen. **„Vizcaya"-Hut** (oben Mitte): Die Inspiration für den grau-blauen Hut kam von den italienischen Gärten in Vizcaya in Miami, Florida. Die Häuser und Gärten dort sind direkt am Golf von Biscayne. **Der „Highlander"-Hut** (oben rechts): Dieser graue und karierte Hut wurde ganz aus kostenlosen Stoffen hergestellt. Der Karostoff stammt aus den sogenannten „stash bash" (Leute bringen Stoffe, die sie nicht mehr länger wollen) bei unseren monatlichen Zusammenkünften der amerikanischen Nähgilde ASG.

Filz-Klunker-Halskette

Neun verschiedene gefilzte grüne und grünliche Pullover kombiniert mit einer beachtlichen Perlenkollektion bilden die Basis für diese abwechslungsreich zusammengestellte Halskette.

DESIGN VON JENNI PAGANO

Wüsten-Ohrringe

Diese Ohrringe sind der perfekte Weg, ein ehemals geliebtes Garderobenstück oder einen spitzbübischen Pullover, der in den Trockner rutschte, öfter zu tragen. Ich habe Garnstücke, wiedergewonnen aus einem Seidenpullover, verwendet, um alles zusammenzunähen. Sie können aber genauso gut Stickgarn benutzen. Runden Sie die Arbeit mit farblich passenden Perlen ab.

All-in-one-Sets

Ein paar sportlich gestreifte Sets mit einer Tasche für das Besteck wird Ihren Tisch, egal ob drinnen oder draußen, schmücken. Fertigen Sie einen ganzen Satz für ein „Housewarming-Geschenk". Ein neues Heim kann immer ein paar kreative Akzente gebrauchen.

Shelly, die Schildkröte

Shelly, die Schildkröte ist ein wundervolles Bodenkissen für Sie und Ihre Familie. Alles an Shelly ist recycelt. Ihr Panzer ist aus gefilzten Pullovern zusammengestellt, die in Sechsecke geschnitten wurden. Während die Unterseite aus Stoffresten gemacht ist. Shelly ist gleichmäßig mit Pulloverresten und -schnipseln ausgestopft, genauso wie mit Verpackungsmaterial und Polyesterwatte aus einem alten Kissen.

DESIGN VON MINDY RELYEA

X-Mas-Fäustlinge und -Strümpfe

Eine lustige Gruppe gefilzter Feiertagsstrümpfe und -fäustlinge wird zu einer liebenswerten und praktischen Weihnachtsdekoration. Sie sind der perfekte Platz, um Minigeschenke und Botschaften hineinzustecken und diese anschließend über die Feiertage zu verteilen.

Violette Blumentasche

Die Blumentasche ist das perfekte, wirklich einmalige Accessoire für ein fröhliches, feminines Mädchen. Sie wurde aus dem Ärmel eines wollenen Pullovers gemacht, der handgefärbt und gefilzt war. Die Klappe besteht aus der Ärmelschulter. Der Blumenstängel verhüllt künstlerisch die Naht des Ärmels. Der Knopfverschluss wird getarnt durch eine Blume, die aus einem löchrigen Kaschmirpullover gefertigt wurde.

Gewebte und kosmopolitische Mütze

Gewebte Mütze: Diese unkonventionelle Mütze ist aus Streifen von gefilzten Pullovern gewebt. Gerippte Pullover eignen sich für besonders bequeme Exemplare. Wenn Sie Pulloverstreifen ohne Rippenmuster verweben, wird das Ganze fester. **Kosmopolitische Mütze:** Diese auffallende, wunderschöne Kappe ist etwas für Mädchen mit Selbstvertrauen. Geben Sie ihr eine maßgeschneiderte Note, mithilfe eines Futters.

DESIGN VON ANNE KUO LUKITO

Stirnband „Schnee" und „Ski"

Schneiden Sie einen 5,1 cm breiten Streifen aus einem gefilzten Pullover so lange wie nötig zu, damit er um Ihren Kopf herumreicht. Für **„Schnee"** (Mitte) schneiden Sie den Streifen aus einem Zopfmusterpullover. Vergewissern Sie sich, dass einer der Zöpfe in der Mitte des Stirnbandes verläuft. Für **„Ski"** (unten rechts) weben Sie mit einer Sticknadel zwei dünne Satinbänder durch gefilzten Pulloverstreifen. Nähen Sie an beiden Enden die Bänder fest.

Lieblingstop

Verwandeln Sie einen weichen Kaschmirpullover in ein bezauberndes Top. Benutzen Sie die Ärmel für eine Halskrause und kreieren Sie damit ein neues, romantisches Outfit.

Garten-Top

Kombinieren Sie einen blumig gemusterten Wollpullover mit einer mehrlagigen Applikation und eine gestreifte Stoffkrause zu einem entzückenden Top. Perfekt für jeden Frühlingstag.

DESIGN VON TAWNY HOLT

Piratenkleid & fröhliche „Mod"

Das **Piratenkleid** (links) und **fröhliche „Mod"** (rechts): Schwarz und Weiß, Wolle und klassische Stoffe in kräftigen und zurückhaltenden Streifen werden zu einem hübschen Paar fröhlicher Kleider.

DESIGN VON TAWNY HOLT

Modernes Trägerkleid

Dieses supersportliche Trägerkleid hat als Top und Rocksaum Teile von alten Pullovern. Der Rock, der beide verbindet besteht aus einem klassischen Stoff. Das Kleid ist ideal für einen Ausflug zum Secondhand-Laden auf der Suche nach weiteren tollen Pullovern.

Romantisches Top & Gartenkleid

Romantisches Top: Ein reizvoller gelber Pullover bekommt ein neues Aussehen dank abgesteppter Nähte und applizierter Details. Nachdem die Ärmel verschwunden sind, wirkt der Pullover sommerlich frisch. Das **Gartenkleid:** Verwandeln Sie einen alten Kaschmirpullover in ein entzückendes Sommerkleid, indem Sie ihn mit einem neuen Kragen und einem Rock aus einem blumigen Stoff umarbeiten.

DESIGN VON TAWNY HOLT

Luftiges Top

Stückeln Sie die Ärmel von gefilzten Pullovern zusammen, sodass sie zu einem einmaligen „Neck-holder" werden. Benutzen Sie farblich ähnliche Pullover oder eine Palette von kräftigen Farben. Ganz gleich wie Sie sich entscheiden: Der Schnitt der Ärmel lässt ein wunderschönes, schwungvoll geformtes Top entstehen!

DESIGN VON MARTHA BISHOP

Kreise und Quadrate

Diese Decken und Kissen sind warm und weich und warum auch nicht? Sie wurden schließlich aus Kreisen von alten gefilzten Pullovern gefertigt. Das Rückenteil der Kissen ist aus dem Vorderteil einer Jacke genäht, so kann man sie mit Knöpfen öffnen und schließen. Manche der Kreise haben kleine Taschen, sodass sie sich für geheime Mitteilungen oder die Fernbedienung nutzen lassen.

Kleine Lebewesen

Diese kleinen Süßen wurden aus Ärmeln von gefilzten Pullovern gefertigt. Die kleinen Lebewesen lassen sich einfach nähen und individuell gestalten. Binden Sie ihnen einen niedlichen Kragen aus Geschenkband mit einem Namensschild um den Hals und sie werden für immer die Ihrigen sein. Übrigens: auf Grund ihres wilden und unberechenbaren Charkters sind diese kleinen Kreaturen nicht für Babys unter drei Jahren geeignet.

Funkelnde Juwelen

Es macht Spaß, diese kleinen Accessoires zu arbeiten und noch mehr Spaß, sie zu tragen! Sie können kleine Pulloverreste, die von anderen Projekten übrig geblieben sind, hier perfekt weiterverwenden! Verzierungen wie ein klassischer Knopf, eine Filzrosette, eine Stoffblume oder eine kleine Zackenlitze lassen den Mix funkeln. Gestalten Sie sich einen Ring, eine Brosche oder Anhänger – oder ein passendes Ensemble – in all Ihren Lieblingsfarben.

Zwetschgenblaues Swing-Top

Manchmal müssen Sie einfach nur die untere Pulloverhälfte wegschneiden und stattdessen einen Stoffvolant annähen, um ein neues, beschwingtes Top zu kreieren. Bringen Sie eine Blumenapplikation, die Sie aus den nicht genutzten Pulloverteilen genäht haben, an. Werfen Sie keinerlei Pulloverreste weg, sondern heben Sie sie für Ihr nächstes Projekt auf!

Bolero

Wenn ein Erwachsenen-Pulli gefilzt wird, geht er ein. Je nach Größe des Pullovers können Sie daraus einen niedlichen kleinen Bolero fertigen für Erwachsene, Teens oder Kids. Dieser Bolero ist aus mehreren Pulloverteilen zusammengesetzt und mit kontrastfarbenem Schlingstich zusammengenäht. Einfach perfekt für Modeexperten.

DESIGN VON L. K. LUDWIG

Mister Monster

Monster sind eine fröhliche Gattung, aber ziemlich einsam, außer an Weihnachtsfeiertagen, wenn sie sich zum Singen versammeln. Monster lieben Weihnachtslieder, auch wenn sie die richtigen Töne oft nicht treffen. Jedes Monster beschuldigt dann das andere, falsch zu singen und los geht's. Genau wie Mütter gerne sagen: „Es ist alles Spaß, bis einer ein Auge verliert". Mister Monster besteht aus gefilzten Pulloverresten und ist mit Knöpfen verziert.

SCHNITTMUSTER

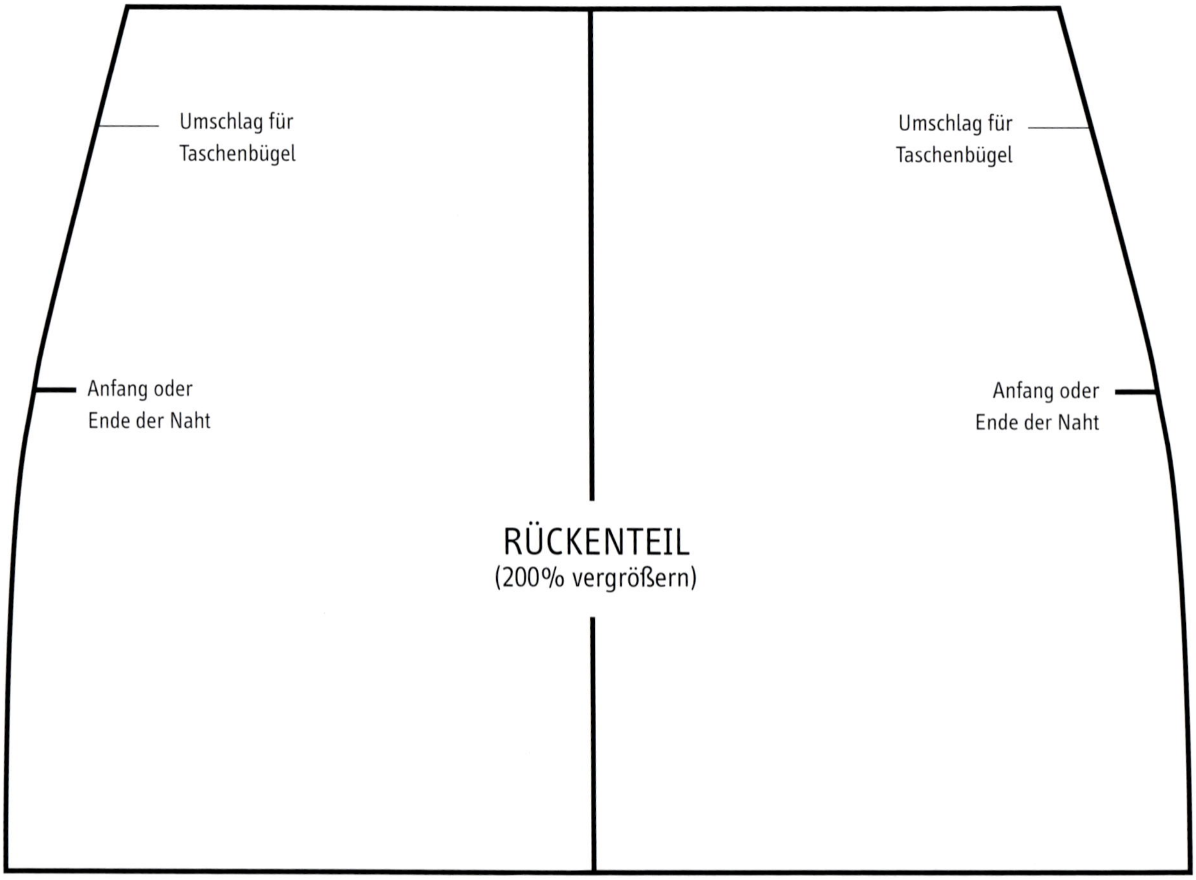

Fröhlich gestreifte Handtasche

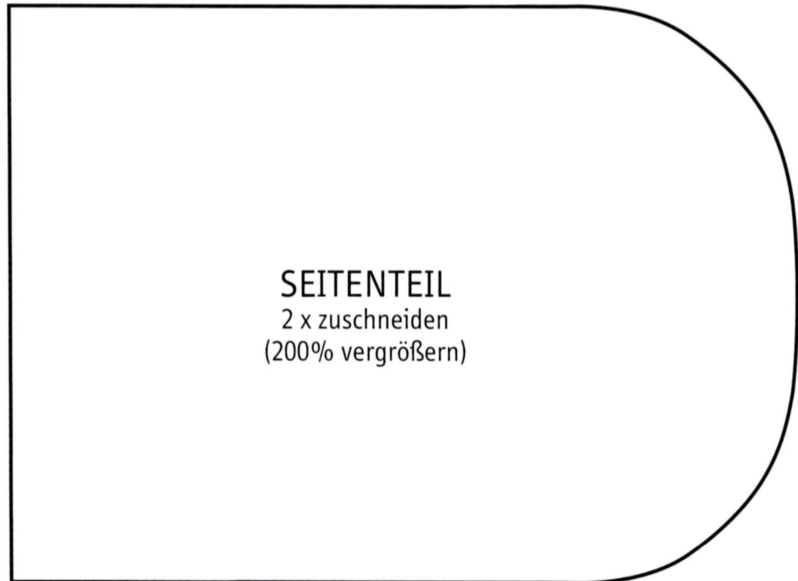

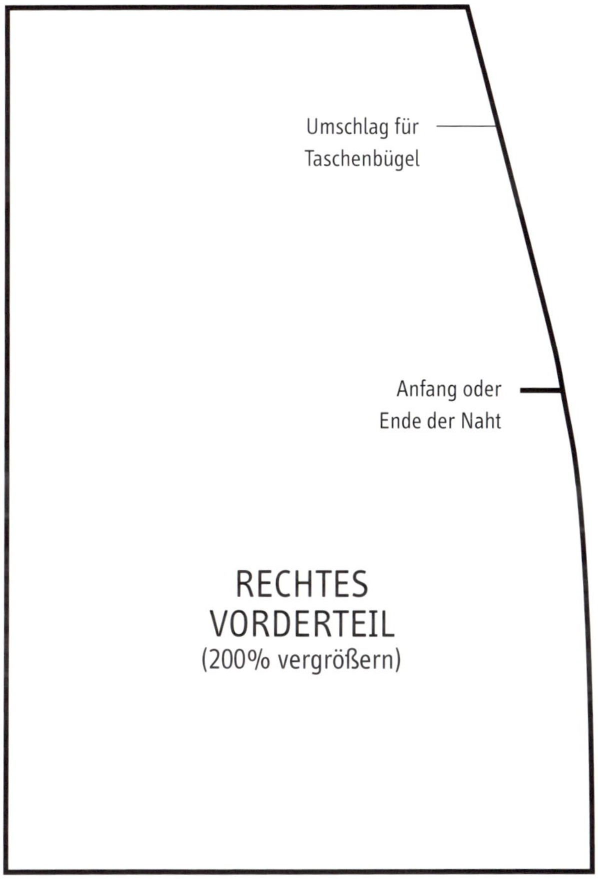
Umschlag für
Taschenbügel
Anfang oder
Ende der Naht
RECHTES
VORDERTEIL
(200% vergrößern)

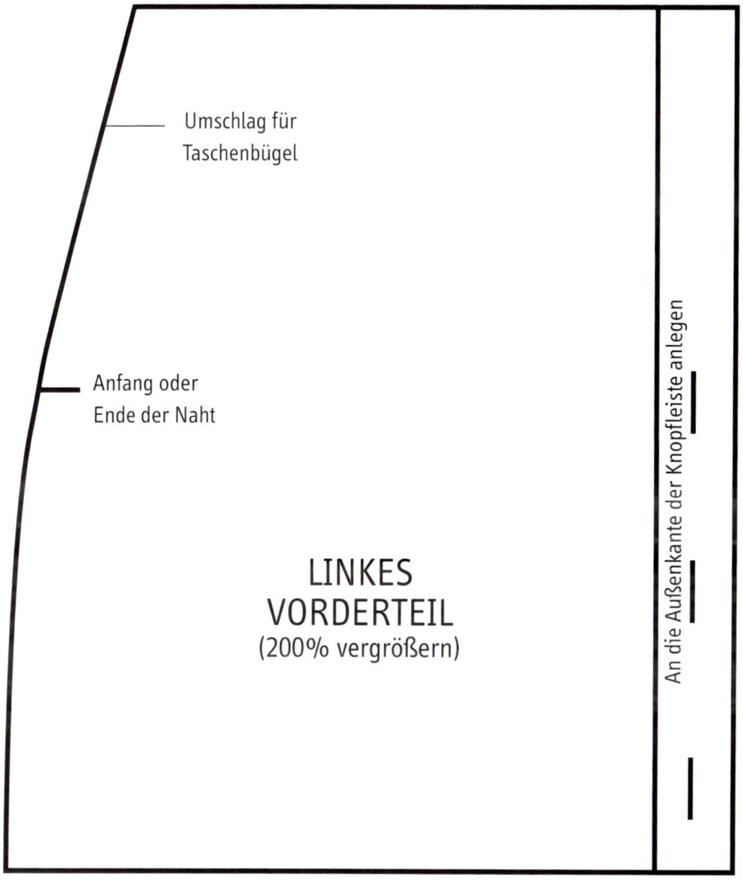
Umschlag für
Taschenbügel
Anfang oder
Ende der Naht
LINKES
VORDERTEIL
(200% vergrößern)
An die Außenkante der Knopfleiste anlegen

„Im Rampenlicht“

OBERES
TEIL

UNTERES
TEIL

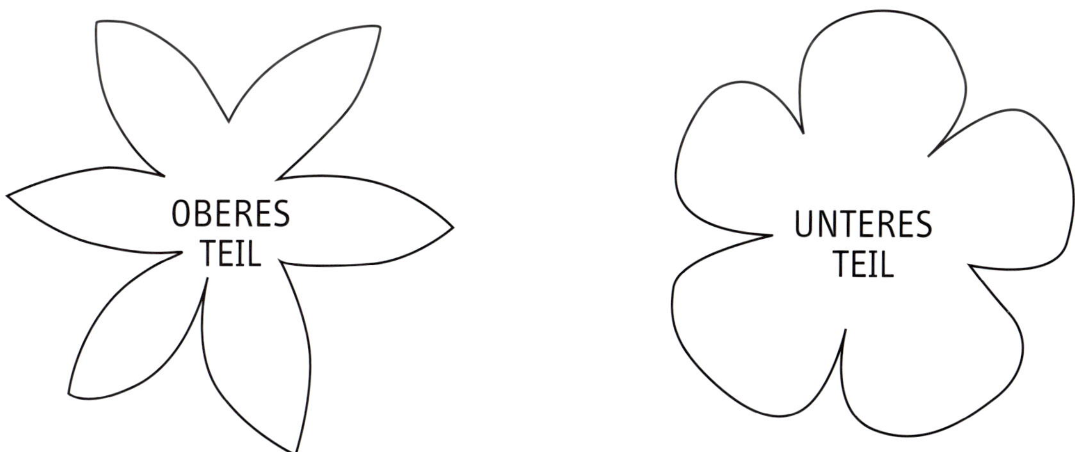

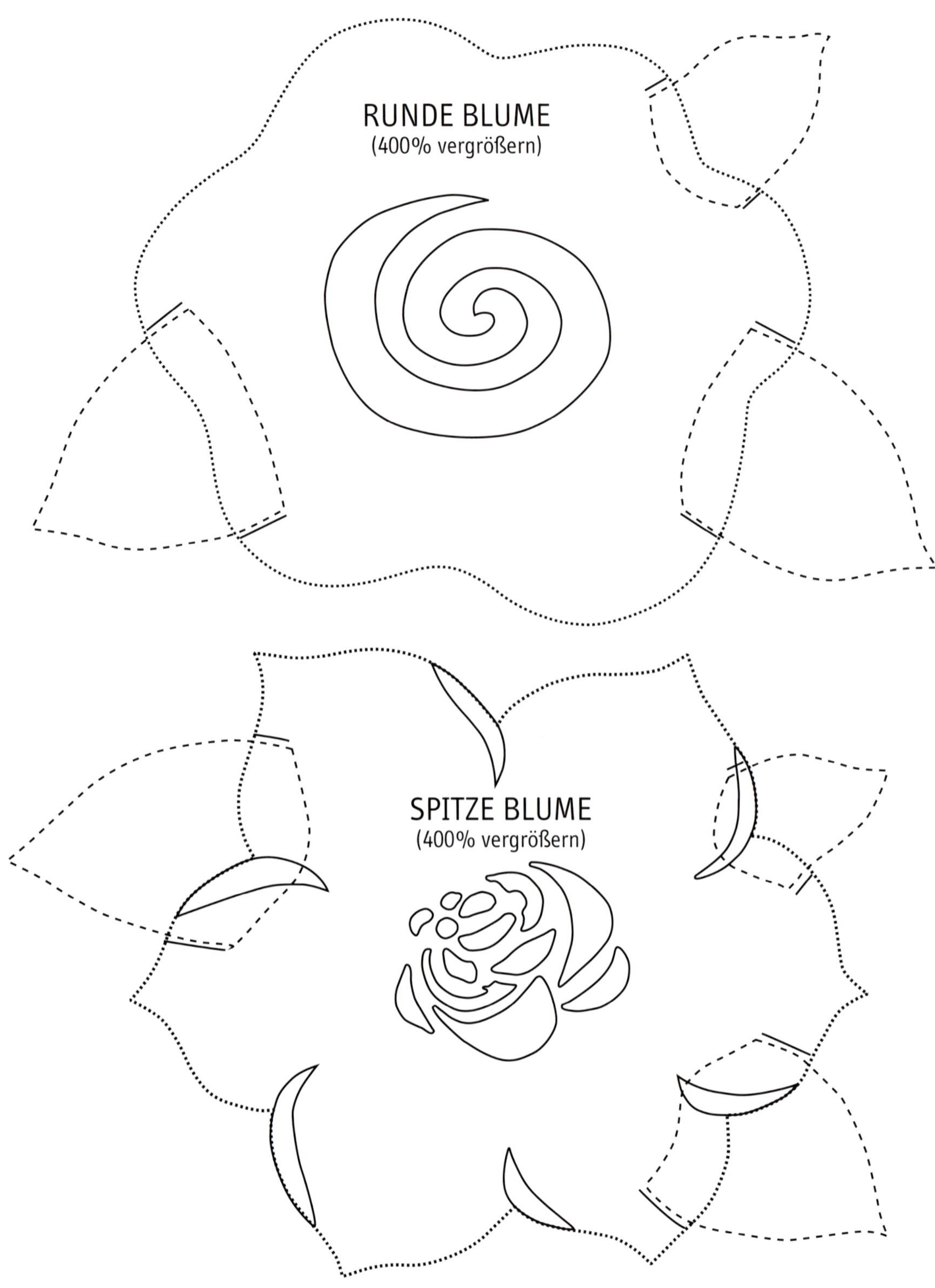
RUNDE BLUME
(400% vergrößern)

SPITZE BLUME
(400% vergrößern)

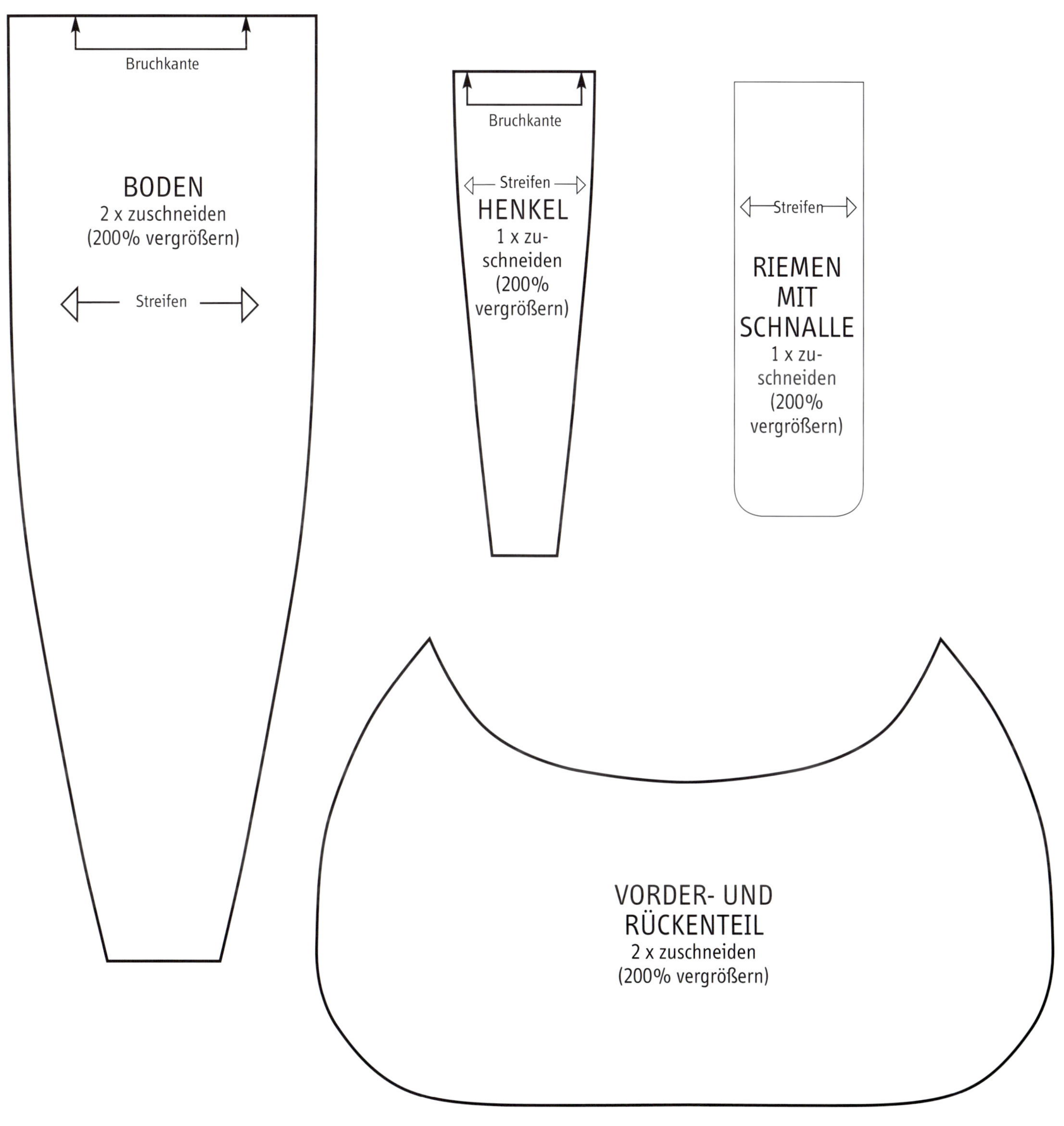
Bruchkante
BODEN
2 x zuschneiden
(200% vergrößern)
Streifen
Bruchkante
Streifen
HENKEL
1 x zu-
schneiden
(200%
vergrößern)
Streifen
RIEMEN
MIT
SCHNALLE
1 x zu-
schneiden
(200%
vergrößern)
VORDER- UND
RÜCKENTEIL
2 x zuschneiden
(200% vergrößern)

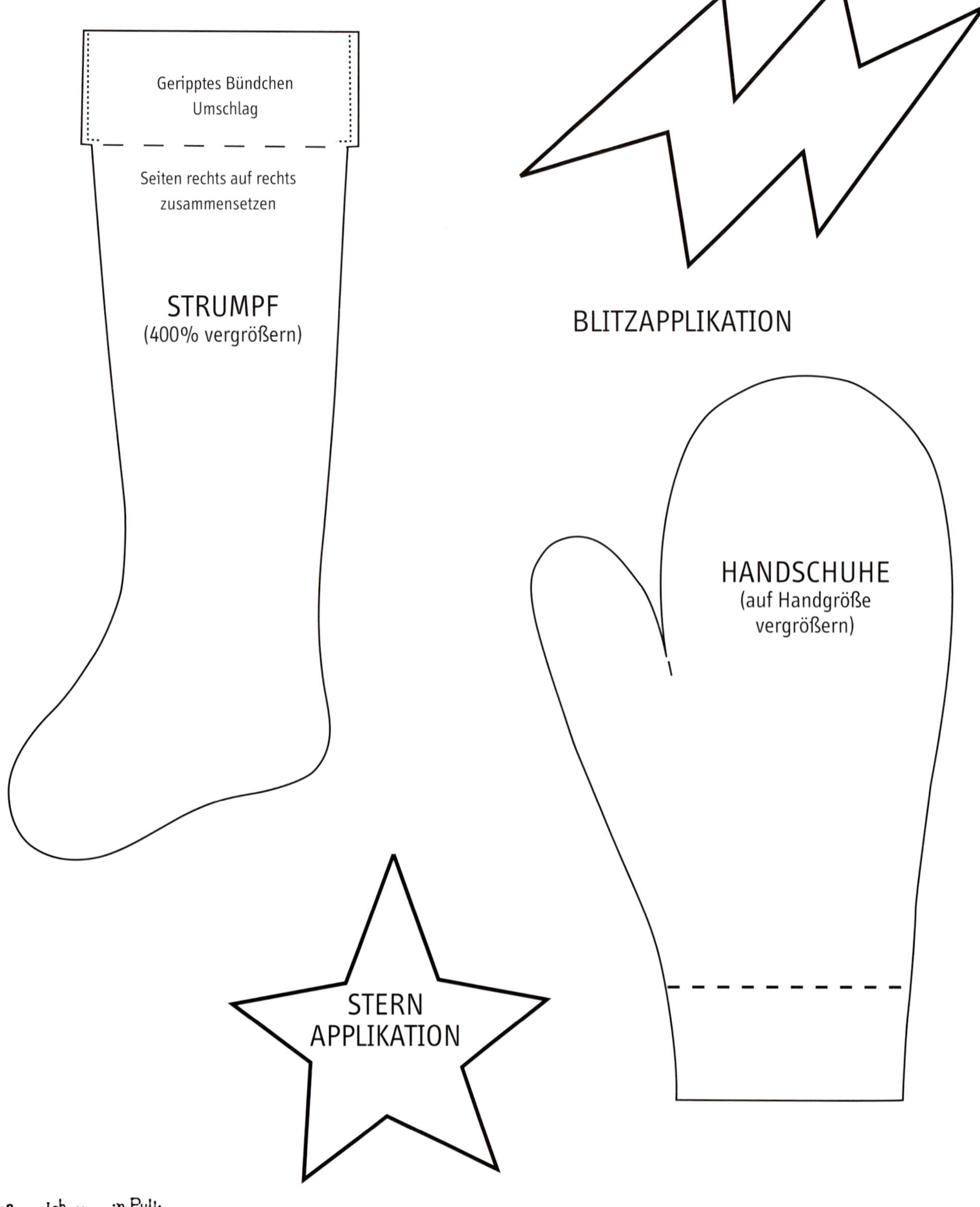
Geripptes Bündchen
Umschlag
Seiten rechts auf rechts
zusammensetzen
STRUMPF
(400% vergrößern)
BLITZAPPLIKATION
HANDSCHUHE
(auf Handgröße
vergrößern)
STERN
APPLIKATION

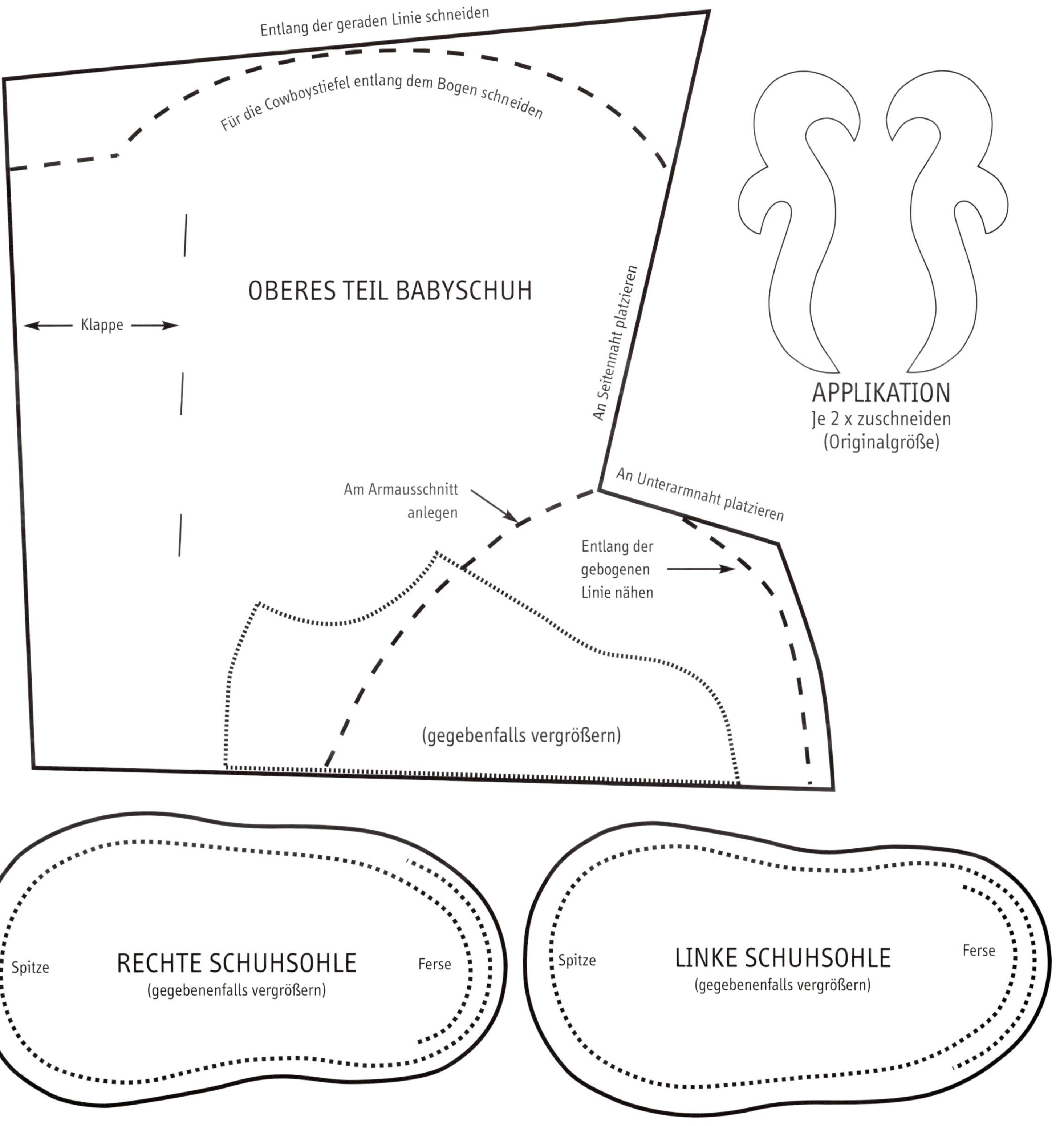
Entlang der geraden Linie schneiden
Für die Cowboystiefel entlang dem Bogen schneiden
OBERES TEIL BABYSCHUH
Klappe
An Seitennaht platzieren
An Unterarmnaht platzieren
Am Armausschnitt anlegen
Entlang der gebogenen Linie nähen
(gegebenenfalls vergrößern)
APPLIKATION
Je 2 x zuschneiden
(Originalgröße)
Spitze
RECHTE SCHUHSOHLE
(gegebenenfalls vergrößern)
Ferse
Spitze
LINKE SCHUHSOHLE
(gegebenenfalls vergrößern)
Ferse

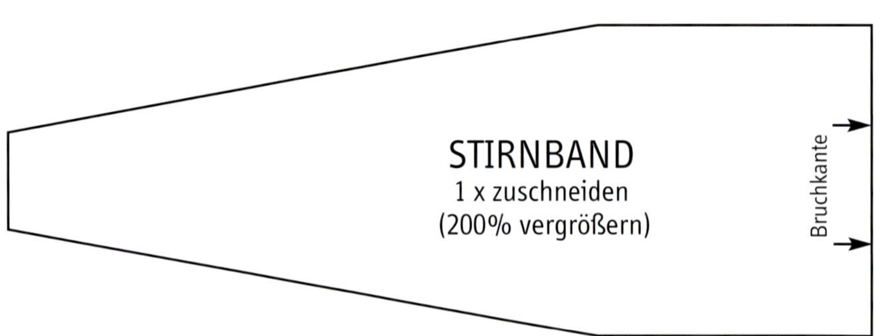

Bommelmütze

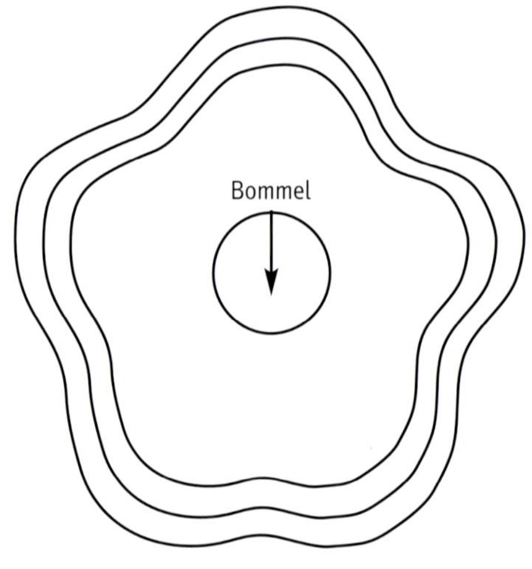

ANSTECKER
1 Blume in jeder Größe schneiden

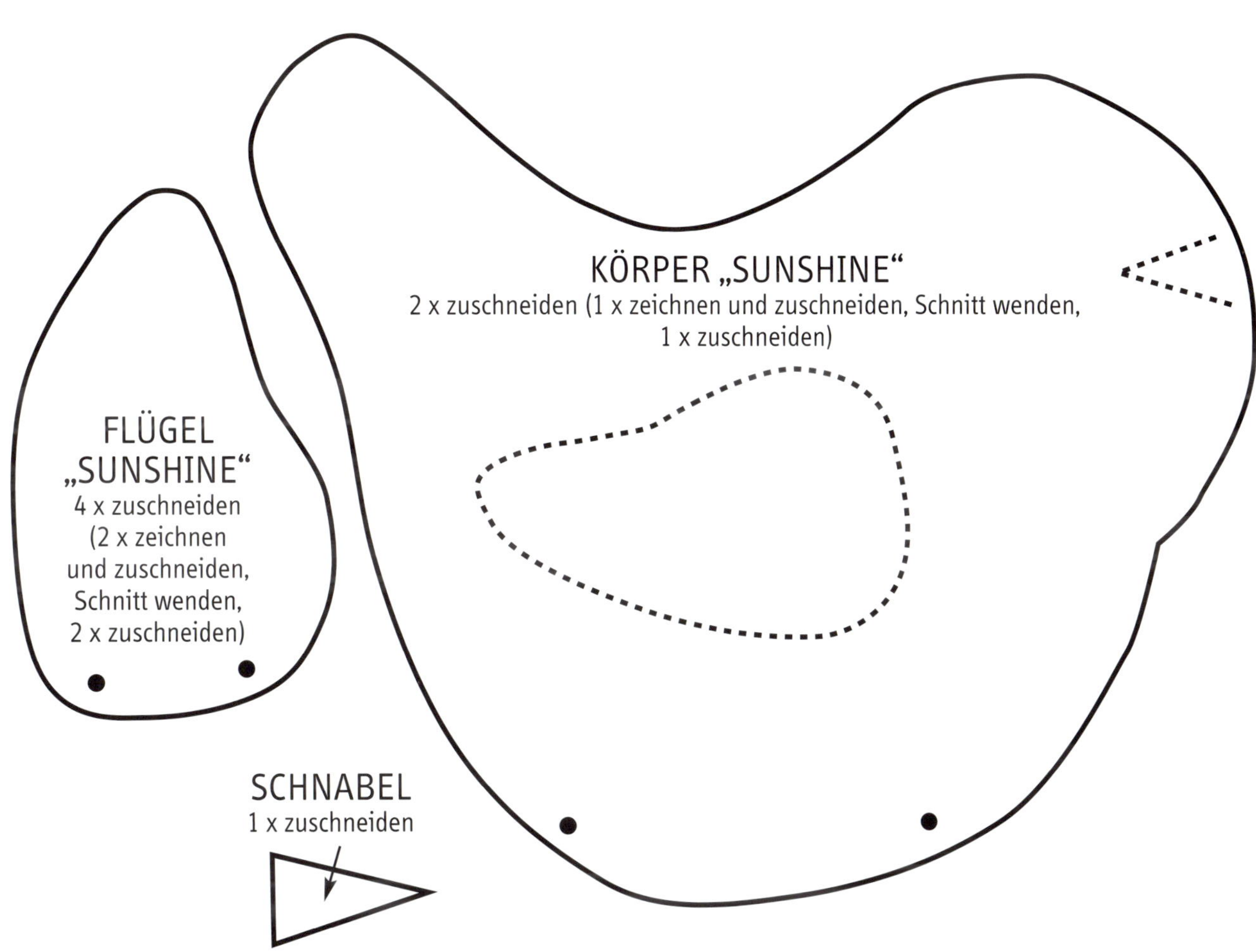

KÖRPER „SUNSHINE"
2 x zuschneiden (1 x zeichnen und zuschneiden, Schnitt wenden,
1 x zuschneiden)
FLÜGEL
„SUNSHINE"
4 x zuschneiden
(2 x zeichnen
und zuschneiden,
Schnitt wenden,
2 x zuschneiden)
SCHNABEL
1 x zuschneiden

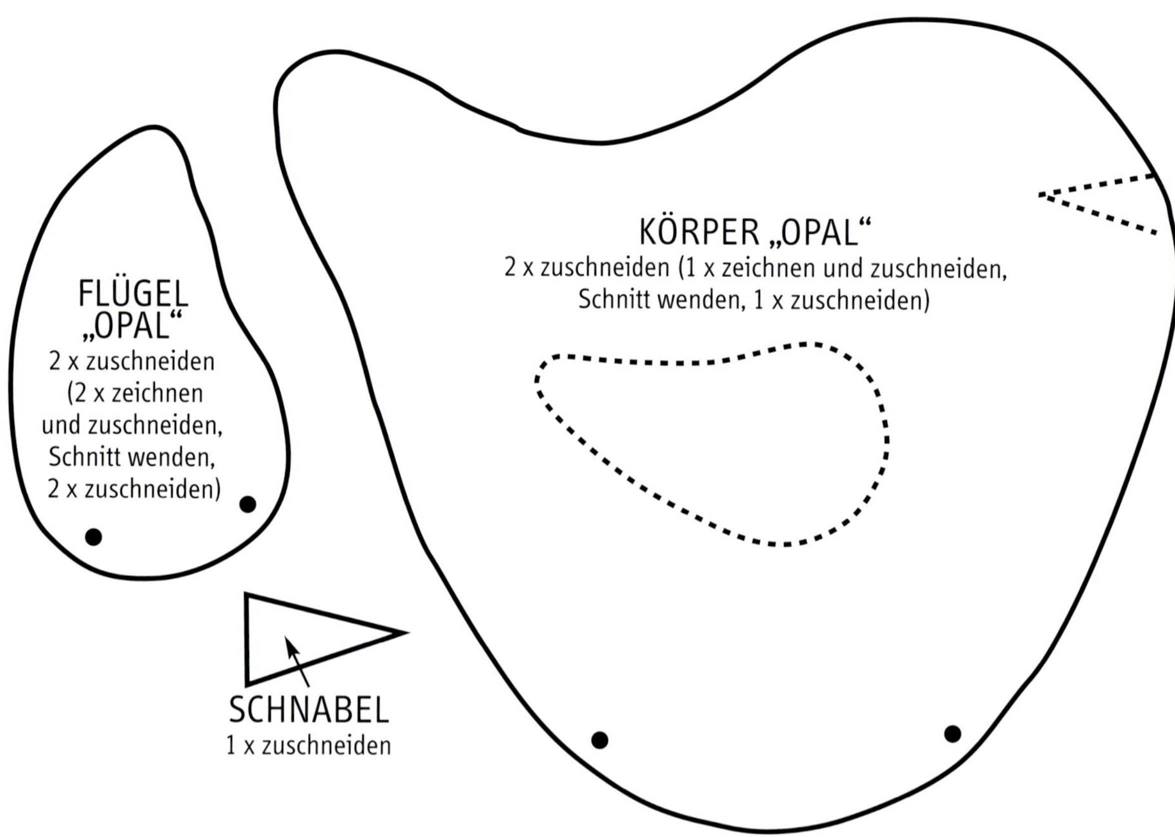
FLÜGEL
„OPAL"
2 x zuschneiden
(2 x zeichnen
und zuschneiden,
Schnitt wenden,
2 x zuschneiden)
SCHNABEL
1 x zuschneiden
KÖRPER „OPAL"
2 x zuschneiden (1 x zeichnen und zuschneiden,
Schnitt wenden, 1 x zuschneiden)

KÖRPER
(200% vergrößern)

1 x zuschneiden aus gefilztem Pullover
1 x zuschneiden aus Baumwolle

KOPF
(200% vergrößern)

1 x zuschneiden aus gefilztem Pullover
1 x zuschneiden aus Baumwolle

KÖRPER
(200% vergrößern)

1 x zuschneiden aus gefilztem Pullover
1 x zuschneiden aus Baumwolle

HUT
(200%
vergrößern)

1 x zuschneiden
aus gefilztem
Pullover
1 x zuschneiden aus
Baumwolle

FUSS
(200% vergrößern)

2 x zuschneiden aus
gefilztem Pullover
2 x zuschneiden aus
Baumwolle

OHR
(200%
vergrößern)
2 x zuschneiden
aus gefilztem
Pullover
2 x zuschneiden
aus Baumwolle

FUSS
(200% vergrößern)

2 x zuschneiden aus
gefilztem Pullover
2 x zuschneiden
aus Baumwolle

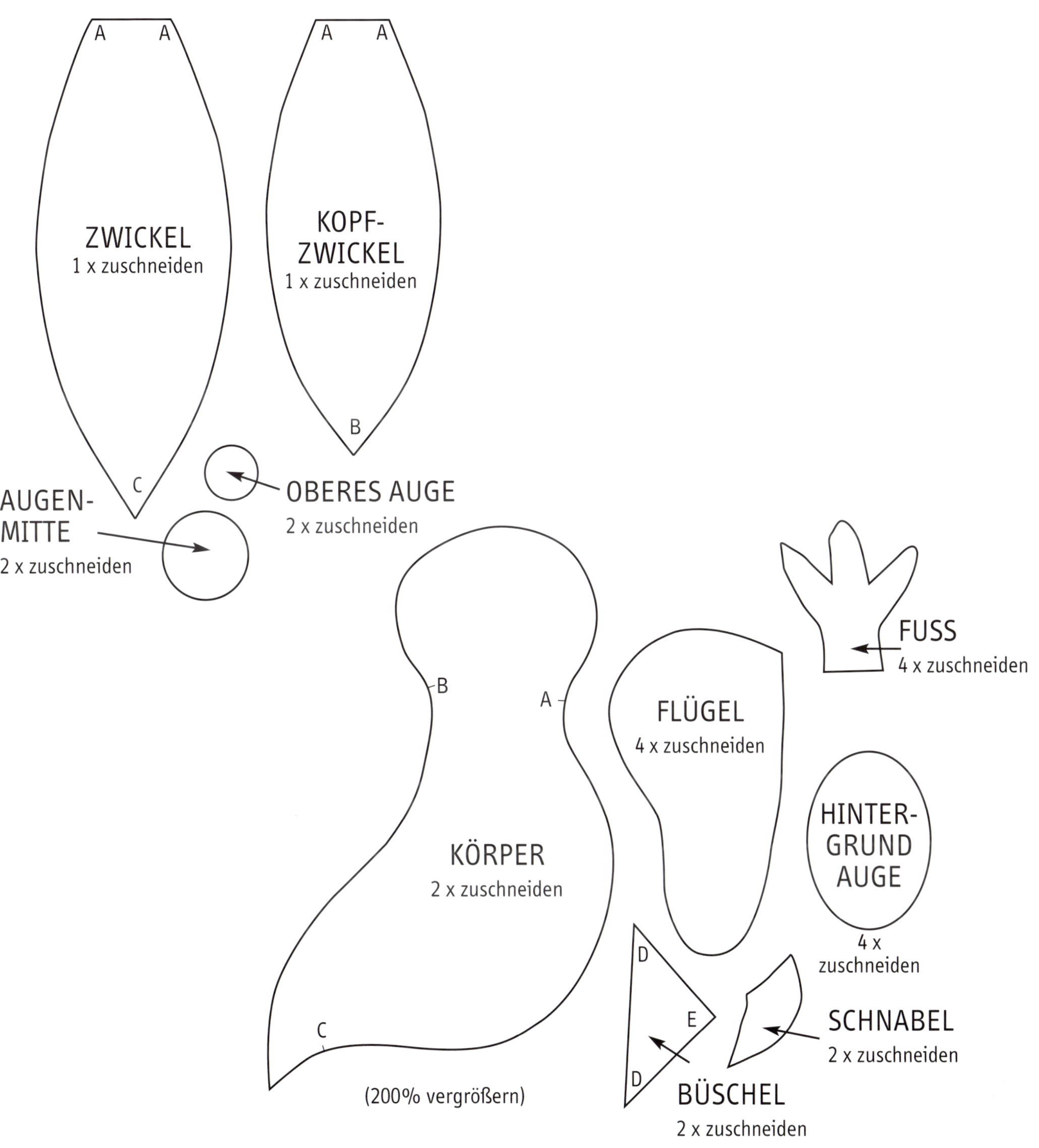
A A
ZWICKEL
1 x zuschneiden
A A
KOPF-
ZWICKEL
1 x zuschneiden
B
C
AUGEN-
MITTE
2 x zuschneiden
OBERES AUGE
2 x zuschneiden
B
A
KÖRPER
2 x zuschneiden
C
(200% vergrößern)
FLÜGEL
4 x zuschneiden
FUSS
4 x zuschneiden
HINTER-
GRUND
AUGE
4 x
zuschneiden
D
E
D
BÜSCHEL
2 x zuschneiden
SCHNABEL
2 x zuschneiden

WICHTIG: Vergrößern Sie
alle Schnittteile (Vorderteil,
Rückenteil, Ärmel) prozentual
gleich.

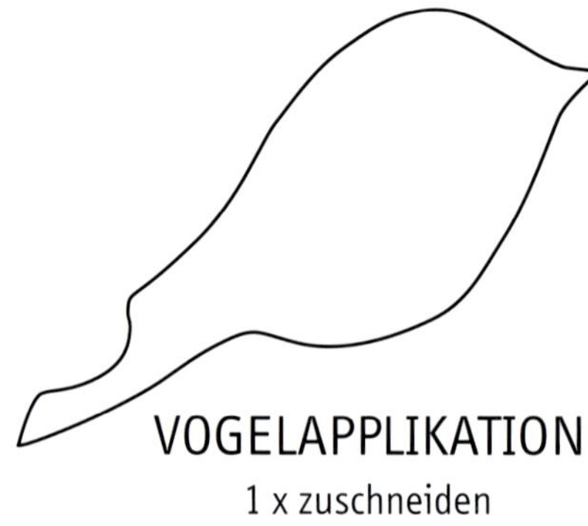

VOGELAPPLIKATION

1 x zuschneiden

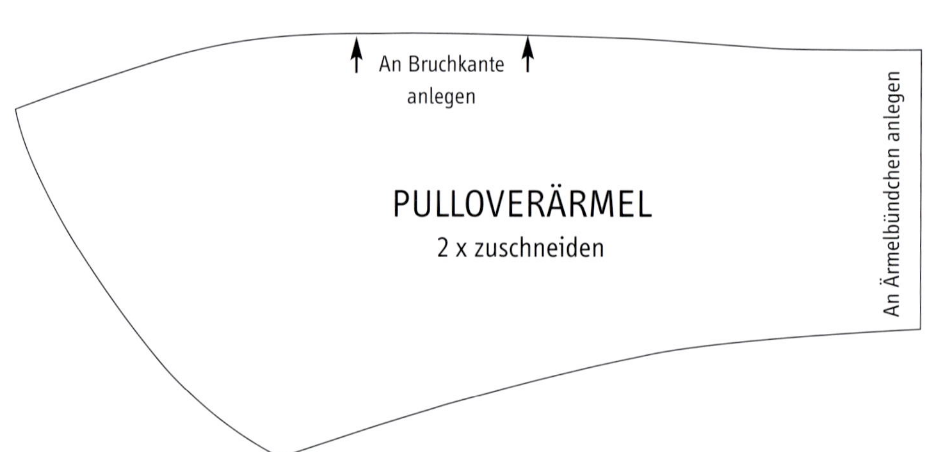

PULLOVERÄRMEL

2 x zuschneiden

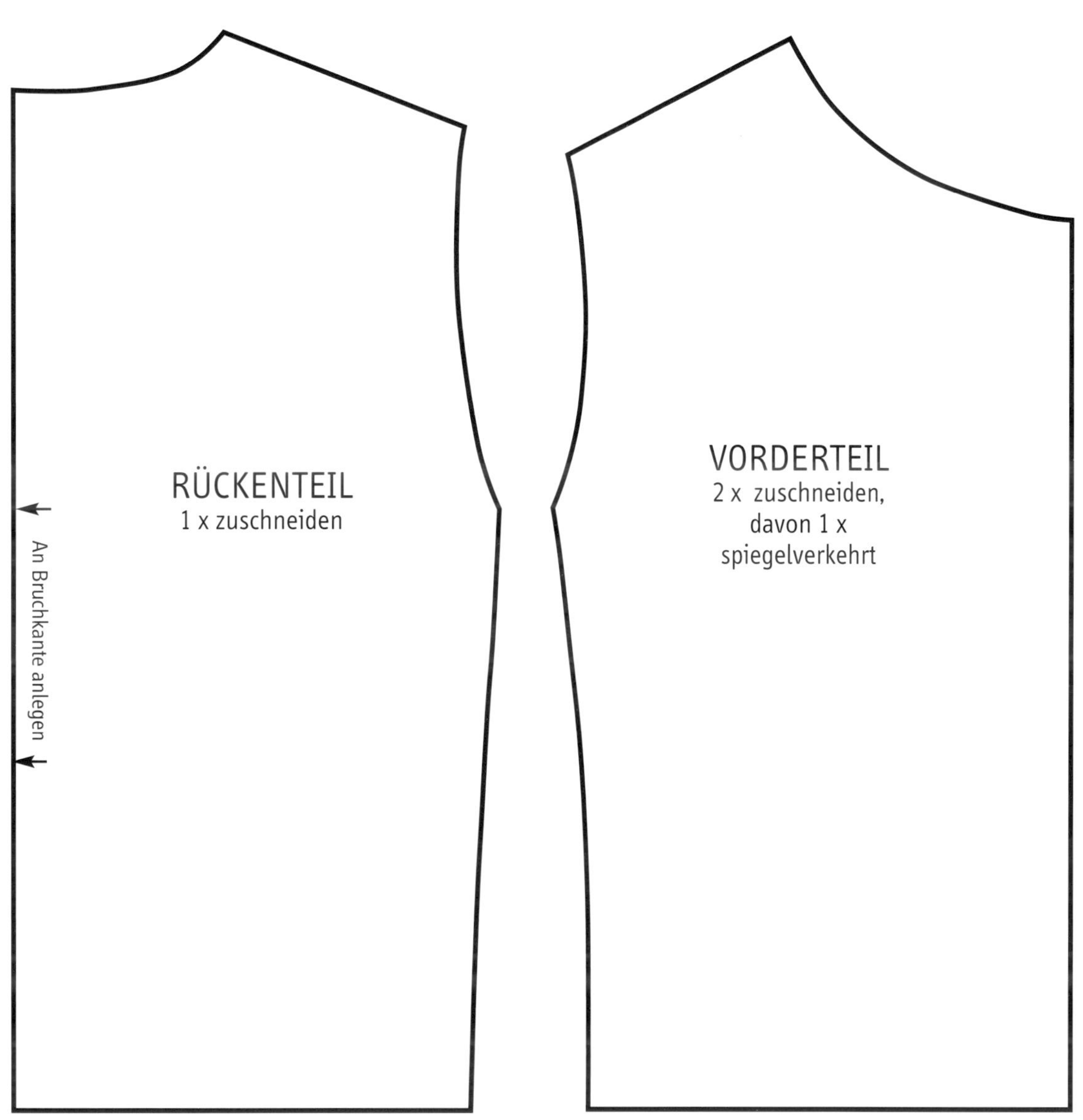

RÜCKENTEIL
1 x zuschneiden
An Bruchkante anlegen
VORDERTEIL
2 x zuschneiden,
davon 1 x
spiegelverkehrt

buttinette Textil-Versandhaus GmbH
Industriestr. 22
D-86637 Wertingen
www.buttinette.de

Coats GmbH
Eduardstr. 44
D-73084 Salach
www.coatsgmbh.de

GÜTERMANN SE
Landstraße 1
D-79261 Gutach-Breisgau
www.guetermann.com

KnoepfeVersand.de
Valesistr. 21
D-82285 Hattenhofen
www.knoepfeversand.de

knopki.de
Auf den Kottenbergen 18b
D-01445 Radebeul
www.knopki.de

Paul Knopf
Zossener Str. 10
D-10961 Berlin-Kreuzberg
www.paulknopf.de

KNORRPRANDELL GMBH
Michael-Och-Str. 5
D-96215 Lichtenfels
www.knorrprandell.com

William Prym GmbH & Co. KG
Zweifaller Straße 130
D-52224 Stolberg
www.prym.com

RAYHER HOBBY GmbH
Fockestraße 15
D-88471 Laupheim
www.rayher-hobby.de

Susan Beal
www.susanstars.com
www.westcoastcrafty.com

Martha Bishop
www.lazygal.biz
martha@lazygal.biz

Larissa Brown
www.knitalong.net

Malka Dubrawsky
malka@stitchindye.com
www.stitchindye.com
http://stitchindye.blogspot.com (blog)
http://stitchindye.etsy.com (Etsy store)

Louise Goldsmith
Louisegtx@Yahoo.com

Tawny Holt
Armour sans Anguish
www.armoursansanguish.com
info@armoursansanguish.com

Amanda Krueger
www.abelstudio.com
www.everylittlething.typepad.com (blog)
amanda@abelstudio.com

Anne Kuo Lukito
www.handicraftcafe.com
www.craftydiversions.com (blog)
L. K. Ludwig

The Gryphon's Feather Studio
http://gryphonsfeather.typepad.com

Jenni Pagano
www.paganodesignworks.com
Jenni@paganodesignworks.com

Mindy C. Relyea
One Wish World
www.onewishworld.com
mindy@onewishworld.com

Sarah Steedman
designer/owner
Scrappynation, LLC
www.scrappynation.com

Kim Taylor
The Sassy Crafter
www.sassycrafter.com
sassycrafter@gmail.com

Über die Autorin

Stefanie Girard arbeitet zurzeit für sich selbst und für viele Kunden wie Plaid Enterprises, Westrim Crafts und die Walt Disney Company.

Sie hat vier Bücher geschrieben, designed und fotografiert für Walter Foster Publishing zum Thema Schmuckherstellung.

Sie hat einen Abschluss in Industrie Design des Pratt Institutes, 1991.

Stefanie ist augenblicklich Senior Producer von CraftTVWeekly.com und hat andere kunsthandwerkliche Shows produziert wie Knitty Gritty, DIY Jewelry Marking, Embellish This!, Sew Much More und Simply Quilts für HGTV und DIY Network.

Danksagungen

Ich möchte der Academy danken . . .
oh, Entschuldigung, falsche Welt. Das passiert halt, wenn man in Los Angeles lebt!
Ich möchte meinen Eltern Cathryn Clark Girard und Edmond Claude Girard für ihre „Gene" danken, dann für ihre kontinuierliche Erziehung in den prägenden Jahren, und dafür, dass sie mich fortgeschickt haben, um im Pratt Institute „institutionalisiert" zu werden.

Im Pratt setzten die wundervollen Lehrer diese Arbeit fort, indem sie mich lehrten „richtig zu denken". Ich bin wirklich dankbar für dieses erstaunliche Geschenk. Das Motto der Schule besagt: „Sei ehrlich zu deiner Arbeit und deine Arbeit wird ehrlich zu dir sein", welches ich treu befolgt habe.

Ich möchte allen fröhlichen, kreativen Menschen in meinem Leben danken, selbst wenn sie selbst nicht so über sich denken. Ich bin dankbar für wundervolle Freunde und meine Familie.

An alle Kreativen, die zu diesem Buch beigetragen haben: es wäre nicht möglich geworden ohne jeden einzelnen von euch.

Und schlussendlich danke ich James Lloyd Rhodes, meinem geliebten Mann für all seine Geduld und sein Verständnis, das es braucht um mit einem künstlerischen Mädel zu leben. Und ich danke allen wichtigen anderen Menschen da draußen, die genau wissen, wovon ich rede.